天下文化

BELIEVE IN READING

成為引領前進的力量

王怡蓁、王維玲、沈勤譽、林芝安、
邵冰如、倪可誠、陳芛薇、錢麗安——著

目　　錄
Contents

序

人才是驅動前行的關鍵

蘇慧貞 成功大學校長

成功大學今年九十一歲了，在望向百年的進程中，我們始終相信，人才的養成是大學的核心任務，是驅動前行的關鍵。

翻開台灣近代發展史，當年為求結構性地從農業社會轉型至工業社會，政策上加緊步伐培育高等工業與技術人才成了首要之務。也因此，從一九二八年至一九三四年，台灣總督府每年平均撥出約總營繕經費的十分之一來建設台南高等工業學校，這是台灣最早設立的高等工業教育學府，也是成大的前身。

如此高量能的投入，背後代表著對未來無限的憧憬，以及對優秀人才的高度期待。

藏行顯光 成就共好

一九五〇年代，戰後的台灣，滿目瘡痍、百廢待舉，發展基礎工業與重工業迫在眉睫，孕育自成大的科研人才，在簡薄嚴苛、資源有限的條件下，一步一腳印，由點而線而面，逐步耕耘，成為各項重大建設的骨幹主力，為南台灣重工業奠定根基。

無論是當年的混亂變遷或之後的承平時期，不管面臨地震、登革熱或疫情，成大都以長年累積的科技、工程與醫學能量，支撐著台灣社會在關鍵時刻挺過重重考驗。其中，有許多學習、感謝，更有諸多挑戰應運而生，在急速奔騰的巨流裡，不變的是，成大始終埋首奮搏，反恭自省，用低調謙遜之姿，無私勇敢地付出、承擔重任。

是的，如果要描繪成大人獨一無二的特質，那麼，「藏行顯光，成就共好」應是最好的回答。

我們始終相信，人的素質是一切討論的依據。顯性的素質可以表現在專業技術能力或個人實力等，而隱性的素質則是對人的理解、同理等人文涵養，以及在關鍵時刻，內心取捨的標準是什麼。

大學教育，要能成就持守倫理道德標準的公民、具備跨專業與通識能力的公民，以及超越文化、地理、政治、信仰等不同疆界的公民，唯有如此，所操持的每一個議題或面向，才會完整而獨特。

大學獨一無二的使命，就是透過對自我價值的堅持，發揮影響力，得到敬重。為此，我們要繼續要求自己，是努力的、進步的、前瞻的、無私的，有能力開創新思潮的，而且持續實踐，並在實踐過程中時時檢視自己，這是我八年來，未曾改變的核心價值。

當然，在每個當下的抉擇，可能面臨各方利益折衝、無數溝通，但在我內心深處有個最根本的依據，亦即，大學不能放棄真理，我們能否在一個比較大的共好、比較高的社會福祉、比較能夠望見那個美好未來的標準之上，做出最終的選擇，這是大學教育應該堅持守護的價值。

合心同炬 歷久如一

未來，高等教育最大的挑戰是，想像未來的能力。

在堅持勇敢無私地做「對」的事情的路途中，挫折難免、灰心難免，甚至放棄。然而，透過文字、影像等紀錄，展讀一篇篇成大人的生命故事，會讓彼此有不一樣的體悟。

回顧一路奮進的歲月，我們看到了安靜樸實的工程師帶動整個竹科園區啟動工業化、作家用文字捍衛文明價值，進而引燃一場場思潮革命……，他們幾乎都曾經歷一無所有的時刻，鋪天蓋地的打擊迎面而來，也令每個人在不同的生命階段經歷刻骨銘心的挑戰，而他們如何在時間淬礪下仍能選擇繼續正向貢獻、回饋己力，值得細細領略。

迎向百年成大，我們希望和更多人分享成大與台灣一起成長的故事。因此，延續了二〇二一年出版，獲致廣大迴響的《成為世界相信的力量》一書，在二〇二二年再次呈現以資深典範校友為主的《成為引領前進的力量》，以及中堅世代校友的《成為啟動未來的力量》兩冊，希望藉著更多傑出校友的生命歷練，期許同輩後進努力去理解、保護且珍惜所有美善的心意與努力。

從「藏行顯光，成就共好」到「合心同炬，歷久如一」，成大的理念在其中不斷展現。最終，我們期待，不論個人、社群、城市或產業，永續積極地建立夥伴關係，打造一個共榮互好的生態鏈，進而合力共擬出下一個世代的美好樣貌，不負一所立足於歷史之都台南，值得信賴與期待的大學之崇高使命。

前言

成為引領前進的力量

翻開台灣史，從日治時代前期的「工業日本、農業台灣」到後期的「工業台灣、農業南洋」，政府開始培育大量基礎工業人才；再到戰後美援挹注，人才培育重點從工業人才轉型成因應國家發展所需的各領域人才。

在人才轉型的過程中，創校於一九三一年、以工學起家的高等教育學府，成功大學，至今已將近百歲，一路以來，始終與台灣社會共榮共存，並肩前進。

一九五〇年代，二次大戰後期，成大校友陸續進入日本人經營的重要企業與組織，包括：台灣總督府鐵路局、台灣肥料、台灣電力株式會社、日本石油株式會社等。例如許多成大校友投身的台灣電力公司，便是台灣戰後復原供電系統的關鍵力量，時任台電總工程師孫運璿更盛讚他們為「台灣電力發展的幕後英雄」。

不論是發展電力、造築道路橋梁或水利工程等基礎建設，以及天然資源開發，在台灣百年發展的軸線上，在每

位於成大博物館與舊物理系館之間的格致堂，落成於一九三八年，是台南高等工業學校時期校內最華麗的建築設計，日後更成為成大理工科每週大會考的場地，也是許多校友難忘的回憶。

一個關鍵座標點上，都能看見成大人務實堅毅的奮戰身影。

回顧這段歷史，成大校長蘇慧貞認為，當時全台灣的基礎建設尚屬恢復期，各方資源有限、成長條件匱乏，但也許正是如此，成長於這時期的校友們更專注學習、探究自己的本業，引發強而有力的韌性與毅力，激盪出多元應變力與創新力。

「尤其是基礎的工學體系，較資深的校友都跟我說，要『near the engine』，」蘇慧貞指出，她從這句話領會到許多意義，而最重要的精神，就是要貼近本業，練就實實在在的功夫，同時還要看見社會脈動與時代的需要，「正因為校友們具備這樣的特質，日後才能豐富生命中更多的機會和可能性。」

在蘇慧貞眼中，成大校友都具備一個共同的特質：時時檢視自己，傾全力連結世界，進而為自己的人生、事業乃至專業領域，寫下新的一頁。

在成大人才濟濟的理工領域，他們對研究的執著與投入，為科學翻開台灣史，從日治時代前期的「工業日本、農業台灣」到後期的「工業台灣、農業南洋」，在台灣人才轉型的過程中，成大這所以工學起家的高等教育學府，始終與台灣社會共榮共存，並肩前進。圖為日本第一代自製BK24蒸汽火車，現保存於成大。

發展、醫學應用、國防工業帶來新的可能。

像是德州超導中心創始主任兼首席科學家、香港科技大學校長朱經武，他在一九八七年帶領研究小組共同發現新材料，一舉將超導溫度由攝氏零下二五〇度提升至零下一八三度，亦即現在眾人所知的高溫超導，相較於之前需要存在於超低溫與超高壓環境的超導，一舉打開超導應用的新紀元。

突破時代的發現

美國加州大學洛杉磯分校（UCLA）講座教授王康隆，是中央研究院、工業技術研究院雙院士，他以高度開放的思維，展現了一場從高工生到工程科學家的奇幻旅程。二〇一七年，他率領研究團隊證明「馬約拉納費米子」的存在，而馬約拉納費米子不易受電場、磁場干擾的特性，極有可能讓量子電腦脫離環境限制，加速普及。

美國亞培藥廠首席科學家傅模英，堪稱兒童健康的促進者。她累積了二十三項美國和國際生物科技專利，其中的克拉黴素（Clarithromycin）上市後，迅速成為最受兒科醫生青睞的藥物，被世界衛生組織列入基本藥物標準清單，成為基礎衛生系統最需要的藥物之一。除了關注兒童健康，她還成立 Fulu 基金會幫助貧困學童，在美國伊利諾州青少年法庭擔任受虐兒童特別辯護人，為弱勢兒童爭取權益。

中研院院士安介南致力於跨域整合，是連結生物力學與醫療的先驅，他參與人工關節置換手術的開創，最早將彈性成像技術應用在骨骼肌肉系統，所著《手部生物力學》、《腕關節生物力學》、《手和腕關節高等生物力學》三本書，均被骨科界奉為圭臬，而他也在一九八四年獲得「Kappa Delta 獎」，如今更致力於促進台灣和海外交流，培育下一代人才。

以專業創造改變

成大隨時代發展而培養多元人才，他們的扎實專業、突破現狀的勇氣，為台灣各領域開創新境界。

中山科學研究院飛彈火箭研究所顧問、中研院院士蘇玉本，進入中科院服務後，擔任過衝壓引擎組組長、第二研究所所長等要職，他領導團隊開發的火箭飛彈系統，例如：天弓一型、雄風三型、雄風二型、萬劍等，提升了台灣國防自主的能力，也在全球相關領域中擁有明顯的領先地位。

台灣文學研究者張良澤，致力推動台灣文學發展，以十五年的歲月整理作家鍾理和的文獻，這之後，吳新榮、王詩琅、吳濁流等早期台灣作家的作品，也在他手中陸續出版，扎實地將台灣的文化 DNA 細心保存下來。既承先，也啟後，他在成大中文系任教期間，協助籌設成大「鳳凰樹文學獎」，開啟大專院校文學獎風氣，培育無數新生代台灣文學作家。

潘冀聯合建築師事務所創辦人潘冀，堅持「用建築改變社會」的理念，作品屢獲國際肯定，曾獲美國紐約建築師協會年度建築設計獎、世界華人建築師協會金獎，並摘下有國際建築桂冠稱譽的美國建築師協會院士殊榮。在引進新設計理念、新建築工法的同時，他倡議並推動建築師考試制度、公共建築設計評審制度的改革，驅動台灣現代建築發展。

永豐餘集團二代創辦人何壽川，帶領永豐餘造紙快速提升生產製造能力，建立起強大的機械工程團隊實力，奠定永豐餘開拓海外市場的堅實基礎，更積極讓工業與環境永續共生，參與碳足跡盤查，朝零排放及廢棄物資源化的綠色願景邁進，開發新材料紙漿、推出電子

紙、研究新能源……。

曾獲選為工研院第五屆院士、盟立自動化董事長兼總裁孫弘，將工研院的自動化技術帶入商場，在一九八九年成立盟立公司，台灣從此擁有可提供自動化設備解決方案的公司，如今已是國內最大的專業自動化設備系統整合廠，堪稱是引領台灣工業自動化發展的先驅。

開創新局的毅力

文化部首任部長、作家龍應台，用一生推動文明的進步。一九八五年，在那個尚未解嚴的年代，她憑著銳利觀察、犀利文筆，一九五〇年代之前出生的成大人，成長於台灣基礎建設猶待恢復階段，因此他們更加專注學習、探究自己的本業，憑藉強有力的韌性與毅力，激盪出多元應變力與創新力。圖為一九七一年的成大物理系電子儀器實驗室。

對文化、制度、思想提出深刻剖析，被視為「離經叛道」的觀點不僅席捲文化界，更如野火般蔓延到政府高層、市井庶民，又從台灣燒向中國大陸、香港、新加坡。她的作品早已遍及華人地區，成為時代的重要印記。

每一個美好成果，背後都有過人的堅持與對願景的想像。

勝利體育事業創辦人陳登立，雖然沒有家學淵源，但憑藉著高度的努力與遠大的眼光，從羽毛球製造起家，進而打造自有品牌「VICTOR」，跨足球拍、球鞋等相關運動產品，更長期支持戴資穎等不同國家的選手，也贊助國際賽事，從研發、設計、生產到行銷不斷創新，如今產品銷售至全球超過六十個國家，晉升為全球前三大羽球品牌。

長虹關係企業集團總裁李文造，他入選了《哈佛商業評論》（*Harvard Business Review*）全球繁體中文版「台灣執行長50強」、「台灣企業領袖100強」。成長過程中，家境困苦的他，奮力向學翻轉人生，從土木包工開始，然後以零元創業，企業逐步成長到大型營造廠及建設公司，並推出創新的設計概念，是破局再創的新典範。

達爾集團董事長盧克修，則是具體展現如何穩步求勝。他堅信

唯有累積多元能力，才能擁有創造未來的實力。這份信念，展現在他生命的每段歷程，也落實在企業經營上。他加入美國半導體整合元件公司達爾國際（Diodes），快速升任總裁及執行長，然後改善產品、加深顧客關係、拓展市場，讓公司市值從兩億美元提升至十億美元，並締造了營收十億美元的佳績。

展開這一頁頁的生命故事，蘇慧貞忍不住感慨，曾有許多資深校友私下對她直言，來到成大未必是當初的第一選擇，但是如果人生可以重來，他還是會做出同樣的選擇。

這些故事，是時代的縮影，銘記一群無私、勇敢付出的成大人，用行動引領時代前進，也用他們的生命傳遞美好價值。

撰文／林芝安．圖片提供／成功大學

百年來，成大校友為台灣締造許多經濟與工業奇蹟，也在許多不同領域中扮演引領前進的角色。圖為成大創校九十週年校慶校友之夜，歷任校長與校友合影，左五為現任校長蘇慧貞。

眼光獨具

陳登立 勝利體育事業創辦人

用十六根羽毛打造國際品牌

懷抱著對羽球的熱愛走上創業之路，
陳登立堅持奮鬥五十年，
支持許多羽球選手追尋夢想，
讓台灣之光閃耀於國際上。

幾年前，在一次媒體採訪過程中，當時已超過八十歲的勝利體育事業創辦人陳登立，透過鏡頭，讓人看到的是一位創業家人生的告白。

當時的媒體報導寫到：「拍照時，陳登立用顫抖的雙手握緊球拍，臉上激越的豪情格外堅定。」

年輕時創業，誰都擁有豪情壯志，但幾十年之後，當那些失敗與成功交疊成為人生的負重，又有多少人能夠放下、回到原點？在那些曾經讓自己失敗的過程、讓自己驕傲的成就面前，誰還能勇敢回應創業當年不敢大聲說出口的想望？

對於陳登立而言，已不再需要親口說出那些豪情壯志，一路走來超過五十年的歷程，已經說明一切。

務實是通往成功唯一的路

在台灣產業還是以製造、加工為主要型態的年代，陳登立專攻品牌，他看到的不是眼前捨棄的訂單，而是未來的機會；在還沒有台灣公司願意贊助、培育球員的時代，他率先在國際羽球界花錢支持球員。

年輕時的創業，靠的是夢想，但夢想的種子要落地、深埋進泥土，才可能發芽，務實才是通往成功的路。

在陳登立身上可以看到成大人一貫的務實作風，對於勝利體育在全球羽球用品市場的發展，他堅持產品品質、市場通路、品牌發展都要按部就班，因為，他知道只有務實的投入，才能累積真正的基礎。

不拘泥於環境條件

陳登立在彰化出生長大，從彰化高中畢業之後，一九五四年，

實踐的精神

一九六〇年代的台灣，打羽毛球的風氣剛開始盛行，喜歡上這項運動的陳登立發現，一顆球背後的商機無限，進而開始研究在台灣自己生產羽毛球的可能，努力不懈地蒐集、分析各種品牌與不同型號羽毛球的結構、製作工序、品質差異，進而擬出羽毛球生產計畫。

他選擇進入成功大學工商管理系。

那個年代，台灣的政治、社會、經濟都處於過渡期，許多過去留下的基礎，必須用新的制度、規範重新運行。年少的陳登立，經歷過不同文化，也接受過不同體制的教育，或許有許多變化他當時還無法理解，但曾經處於那樣劇烈變遷的時代，養成他後來不拘泥於環境條件的特質。

看見問題本質

陳登立創業後，對自家產品有著極高的要求，更為了提升製造技術，只要工廠一做出新球，便會立刻去找球員試用。無論羽毛穿插的深度或膠水的用量，他總是能從不同的使用者意見中看到問題的本質，並且找到改善的方法。

陳登立說自己報考大學時，沒有選擇其他科系，而是立定志向要往事業經營方向發展，心裡想的就是，如果有一天自己創業，在學校學的東西將會派上用場。

回憶在成大四年的學習，陳登立雖然已經記不起太多與師長、同學互動的故事，但成大人之間相互幫助的深厚情誼，讓他感念至今。陳登立說，成大人的團結精神，對於他後來創業，有非常大的影響。

創業不是靈光一閃

在許多創業故事中，創業者多半會提到當初靈光一現的創意，進而如何開展出後來的成功事業。陳登立創立勝利體育的歷程，當然也可以如此簡化：一個喜歡打羽毛球的年輕人，被球場上高速飛行的小白球啟發，進而投入羽球用品事業。

但陳登立在許多不同的訪談中，談最多的並不是當年的一個念頭，而是他如何研究並驗證想法的過程。

大學畢業之後，陳登立進入味全公司工作，那時打羽毛球的風氣剛在台灣盛行，陳登立下班後經常與同事相約打羽毛球。一九六〇年代的台灣，經濟還在逐步發展的階段，國民年所得只有幾千塊新台幣，許多公務員的月薪也只有幾百元，打羽毛球在當時是一個相對「貴族」的娛樂，因為大部分羽毛球都是從日本進口，一打的價格就要九十元。

喜歡上打羽毛球的陳登立發現，只用十幾根羽毛做出來的一顆球，居然可以賣到這麼高的價格，他開始對這背後的故事感興趣，並且研究在台灣自己生產羽毛球的可能。

於是，原本對如何製造羽毛球毫無頭緒的他，到處蒐集各種品牌與不同型號的羽毛球，然後動手拆解每一顆球，分析它們的結構、製作工序、品質差異等。此時，陳登立才發現，一顆小小的球居然有那麼大的學問，因為從羽片比例、重量到寬度，每一個細節都可能產生顯著的差異。後來，陳登立更運用這份分析研究，擬出羽毛球生產計畫。

多聽、多看、多學，不要怕吃苦，更不要害怕嘗試。

許多成功企業家接受媒體採訪時，總會提到一、兩個關鍵轉折點，陳登立談起自己的創業歷程，也總會提到一份報導。報導中寫著「日本每年向台灣進口五十萬顆羽毛球」，五十萬顆羽毛球是多大的市場啊，這讓陳登立眼前一亮，心想這絕對是可以投入的一門生意。

但陳登立緊接著吐槽自己的糊塗。因為，在他離職創業之後，才發現當初那一份報導上寫的其實是：日本每年向台灣進口「五十萬根羽毛」。一顆球需要十六根羽毛，一來一往相差十六倍，讓陳登立後來每每談起這件事，都要笑自己當年實在有點傻。

不過，一切或許都是最好的安排。即使在離職之後才發現自己錯估了市場規模，但陳登立並未後悔。因為，那份報導只是他眾多資料的其中一項，資料是死的，但人的頭腦是活的，陳登立創業的底氣並不是來自靈光一閃的一個點子，而是深入研究產品、市場及其他可行性之後的結論。

花一年做出第一顆羽毛球

一九六九年，陳登立在台北市的住處成立勝利體育的前身勝利羽球社，從三萬元的創業資金、五個員工的家庭工廠開始。

如同一開始對羽毛球產生興趣的研究精神，等到陳登立真正創業之後，他對於生產品質的追求，更是以高標準來要求自己。

當時台灣雖然已經有廠商生產羽毛球，但品質明顯不佳，不只羽片參差不齊、球頭塑膠甚至會脫落，價格也比不上日本產品，充其量只是市場上的次級貨。陳登立對自家產品的要求，是以日本產品的品質做為標準，但要用更具效率的工序和方法生產。也因此，經過整整一年的反覆研究及測試，陳登立才生產出第一顆球。

生產過程中，為了提升製造技術，每次勝利的工廠一做出新球，陳登立就會去找球員試用。起初他跑遍許多羽球俱樂部，到處拜託選手打打看，無論羽毛穿插的深度或膠水的用量等，他總是能夠從不同的使用者意見中看到問題的本質，並且找到改善的方法。

也是因為如此，陳登立幾乎把用戶試用，當成事業經營最重要的任務，只要有球員對新產品說不，他寧願銷毀，也不會讓這批產品進入市場。

有老員工回憶當時陳登立的狂熱：「因為急著把剛開發出來的羽毛球拿去給球員試用，他會直接拿布把球包一包，腳踏車一踩就去了。」

這樣的熱情，一直延續到現在。勝利體育的同仁都知道，只要有新產品推出，都要先送給球員、選手試用，他們的意見是決定新產品能否推出的關鍵。

而勝利體育從創立開始所堅持的品質要求，深深影響了後來的產品開發策略，讓他們的產品，從一般休閒市場進到與國際大廠同場競技的專業領域。其中，勝利體育獲得世界羽球聯盟（BWF）認證的「MASTER ACE」羽毛球，不但羽毛原料必須經過層層把關的嚴格篩選，整體生產過程更要經過兩百八十道工序才能完成。

與羽毛球速度一樣快的經營決策

直到現在，羽毛球也是極難全自動化生產的產品，光是篩選羽毛就要耗用大量人力，有時甚至一隻鴨或一隻鵝的毛，只能做出一顆羽毛球。而羽毛球也是世界上速度最快的球類運動，時速可能高達四百公里，在高速飛行的過程中，在拍起拍落的瞬間，羽毛球品質的好壞高下立判。

對品質的要求，並沒有拖慢陳登立的決策速度，相反地，產品策略與經營模式，對市場反應都相當敏捷迅速。

以發表新產品的策略來看，勝利體育每半年就會推出新產品。這除了反映出陳登立對於開拓市場的企圖心，更能看見長期投入研發所累積的厚實產品力。勝利體育一年投入在產品研發的經費，動輒上看營收一〇%，這樣的比例不但遠超過許多中小企業，連許多科技廠商都難以相比。

也因為對羽球用品的深入研究，陳登立在創業十年後，開始跨足球拍製作，逐步擴張版圖，成為全球前三大專業羽球用品品牌。

與許多公司在創業初期都會連虧多年的狀況不同，從一開始，勝利體育就不曾出現虧損。陳登立用一年時間做出產品，在內銷市場站穩腳步；公司成立的第三年，就有日本客戶上門尋求合作。因為外銷訂單的挹注，勝利體育開始擴充營運規模。走出家庭工廠的

獨具慧眼

陳登立自從發展自我品牌以來，就開始贊助不同國家的羽球選手，包含已經在球壇發光的明星，也有奮鬥中的新進球員。其中對戴資穎的贊助，從她小學六年級就開始。

格局，在南港設立自有工廠。

代工的那些年，陳登立除了務實地做好產品之外，同時也在持續不斷地學習。他說：「勝利早期以代工羽球產品起家，隨著生產技術的成熟，產能逐漸提升至一定規模，我開始思考公司下一步的走向。因為長期來看，公司如果持續以代工為主，在未來整體發展

培養後輩

在企業轉型中，雖然面對猶如二度創業的挑戰，但陳登立（右二）充滿信心，因為有強大的團隊支持，包含他的兩個兒子陳庶元（右一）、陳庶榮（左一），在品牌行銷規劃中，提出許多開創性做法。圖為二〇一七年，勝利體育與丹麥羽協簽下長期贊助合約。

上必然有很大的限制。因此，發展自有品牌的念頭，開始在我的心裡面萌芽。」

年過五十的「二度創業」

陳登立在三十三歲創業，五十三歲的時候，他決定再次放手一搏，結束與日本客戶將近二十年的代工合作，全力轉型發展自有品牌。這個決定背後要承擔的風險，與當年他辭職創業的挑戰，絕對是有過之而無不及。

以現在的眼光來看，發展自有品牌是再自然不過的決定，但陳登立做出決策的時間點是一九八八年，當時大部分台灣企業思考的還是代工生產外銷的模式，特別是隨著全球製造業供應鏈的分工體系開始成型，國際大廠競相來到亞洲尋找合作對象的黃金時代。反觀發展自有品牌，顯然是一條更難的路，除了原本的產品開發、生產製造，還必須投入大量資源開發市場、建立通路及品牌知名度。

代工生產模式的重點在於產能規模與生產效率，投入廠房與設備擴充，這些投入都成為看得到、摸得到的資產；但自有品牌的經營，在市場行銷與品牌知名度的建立上，卻可能是看不到、摸不到的無形累積。因此，如果經營者沒有明確的行動計畫、清楚的檢核流程，一個錯誤的決策，就可能讓所有心血落得竹籃打水一場空。

當時經營事業超過二十年的陳登立，知道自己做的決定是必要的，在與日本客戶合作的多年經歷中，他也看到這些一流品牌如何透過不同的方式建立市場與累積品牌知名度，就如同當年研究怎麼生產羽球一樣，陳登立與團隊從無到有規劃品牌發展策略。

對他而言，帶領勝利體育轉型自有品牌，就像二次創業，而他對這次創業更有信心，不只因為過去累積的基礎，也因為有強大的團隊支持，其中也包括自己的兩個兒子，陳庶元與陳庶榮。

陳庶元與陳庶榮兄弟兩人，從小看著父親如何從無到有創立勝利體育，更看過父親經歷幾次跌宕轉折，在兩兄弟眼裡，他們的父親是意志堅定的創業家，也是執行力超強的企業家。

譬如，一九九一年剛轉型發展自有品牌時，一場大火燒掉工廠，造成重創。有競爭對手向客戶喊話：「勝利工廠燒掉不能接單了，原本要下的訂單都可以給我們。」但不認輸的陳登立，面對艱難處境，毅然賣掉房子、籌資重購設備物料，硬是在一個月內恢復生產。

對陳登立而言，相較於創業初期，二度創業更像是對自己的挑戰，考驗他發展自有品牌的決心。

羽球品牌的台灣之光

世界羽壇球后戴資穎在幾年前的訪問中提到勝利體育，她說：「勝利從沒讓我缺過鞋。」那是二〇一六年的里約奧運，一場國手是否能使用代表隊贊助商以外品牌用品的風波，意外讓許多人注意到勝利體育對羽球選手的長期支持。

事實上，從轉型發展自品牌「VICTOR」之後，勝利體育就開始贊助許多不同國家的羽球選手，包括已在世界羽球場上發光發熱的名將，也有許多還在努力奮鬥的新進選手。其中，勝利體育對戴資穎的贊助，更是從她小學六年級就開始。

陳登立回想起當年決定贊助羽球選手的過程：「最早起源於一次泰國的賽事，當時透過當地友人的牽線，開始嘗試贊助泰國球員，」而當時一手主導執行泰國球員贊助案的陳庶元，在加入經營團隊、規劃勝利體育品牌行銷方案時，就設下清楚的方向：「最好的行銷，就是讓選手在國際賽場上使用勝利的裝備，透過頂尖球員的認可與在球場上的曝光，拓展勝利的國際品牌知名度。」

陳庶元表示：「因為那一次與泰國球員合作的經驗，有不錯的

國際級的夢想

讓各國選手在國際賽場上使用勝利體育的裝備，實現了陳登立支持更多羽球選手追尋夢想的願景，也成功拓展了品牌的國際知名度。圖為勝利體育贊助的丹麥羽球公開賽。

成效，確立勝利後來贊助球員的長期方向，除了持續與潛力球員合作，勝利的產品也在頂尖選手之間口耳相傳，更進一步與多個國家明星選手及國家隊簽約，進而打響『VICTOR』在世界羽壇的名號。」

陳登立後來提及勝利體育的品牌發展歷程，也曾多次表示：「公司能有現在的發展，與當年開始贊助選手有非常大的關係。」

除了對選手的贊助，勝利體育也同步啟動贊助國際級賽事，直到如今依然如此。勝利體育持續參與的國際賽事冠名贊助或器材贊助，包括：世界羽聯團體賽、超級1000中國公開賽、超級750丹麥公開賽、超級300海洛公開賽等。

從喜歡打羽毛球開始走上創業之路，陳登立說，自己創立勝利體育的願景之一，就是支持更多羽球選手追尋自己的夢想，羽毛球就是勝利體育的根，而推動羽球運動的發展，更是勝利體育不會改變的方向。

超過五十年的堅持奮鬥，從生產羽毛球開始，勝利體育如今的版圖涵蓋全系列羽球用品，自有品牌銷售網路超過全球六十個國家，成為全球前三大羽球用品品牌。許多台灣羽球選手在各地球場發光發熱的同時，勝利體育的「VICTOR」品牌，更已成為世界羽球賽場上閃亮的台灣之光。

撰文／倪可誠．圖片提供／勝利體育、Badmintonphoto

陳登立：每一個時代都有獨特的機會等待發掘

我三十三歲創業，到現在五十多年，這麼多年以來，我給年輕一代的建議沒有太大的改變，就是要多聽、多看、多學，不要怕吃苦，更不要害怕嘗試。

很多人看我們那個時代，會以為我們擁有比較好的機會。但說實在話，每一個時代都有獨特的機會等待發掘，關鍵在於對天時、地利、人和的敏銳度與掌握度，但這些都是可以練習，也可以培養的，而且是從日常生活中就可以開始做的功課。

我經常鼓勵年輕人要用心觀察生活，培養自己對整體大環境與時勢變化的敏感度，將這些觀察與自身所學相結合，把自己準備好，當適合的創業時機點到來時，才能準確地跨出那關鍵的一步，勇敢去追逐自己的夢想。

深情不屈

張良澤 台灣文學研究者

保存台灣的文化DNA

張良澤從文學獲得無數救贖，
他在有限的生命中與時間賽跑，
出版許多珍貴的台灣文學作家文集，
滋養了無數人的心靈與生命。

張良澤出生於一九三九年，他六歲時，台灣從日本政府回歸，社會、經濟都面臨急遽變化。父親從日治時代的獸醫轉為彰化永靖農校教員，母親則從接生娘成了家庭主婦。他身為長子，下有六個兄弟姊妹。

政府會配給公教人員白米，但完全不夠一家九口吃，因此從小母親都將米煮成一大鍋番薯籤稀飯。有時撈起來，整個湯勺都是水，沒有幾顆飯粒，只能配點鹽巴、青菜調味，偶爾才加一條魚。

生活過得清苦，任何資源都要做最大化利用。母親買菜回來後，保留包菜的報紙，自己學讀中文，並讓孩子在報上練習大小楷，最後捆起來拿去市場賣，一報三用。

儘管清苦，母親卻將孩子的筆記本、課本一一保存，不隨意變賣或丟棄。

「這無形給我很好的教育：珍惜文字，」張良澤表示。母親一輩子都影響著張良澤，舉凡親友的小紙條、書信，到台灣文史資料，不論是個人或時代紀錄，他都畢其一生收藏，為自己、也為台灣留下許多珍貴紀錄。

慘綠少年的文學啟蒙

張良澤的父親薪資微薄，卻有七個孩子嗷嗷待哺，因此很早就告知子女，家裡沒有能力提供初中畢業後的學費。儘管張良澤成績優異，可免試直升高中，他的父親都不曾改變心意。

不甘心只能讀到初中畢業，張良澤很早就覺悟，若要繼續念書，唯有考上公費師範學校。抱著沒有後路的決心，他在公費名額稀缺的年代，順利錄取台南師範學校。

這時期，張良澤遇到人生第一位文學指導老師錢倫寬。年輕的錢倫寬鼓勵學生閱讀世界名著，也鼓勵張良澤創作。張良澤一翻開借來的第一本世界名著《基督山恩仇記》，立即發現這比中文課本

創作入魂

一九六〇年張良澤調任永靖國民學校時期，大量投稿至《聯合報》副刊，並認真閱讀諸多文壇前輩的文字結晶。此時他也結識文心、鍾肇政等作家，鍾肇政更成為他一生敬愛的老師與大哥。

好看許多，他不只看了好幾遍，還拚命做筆記。

像哥倫布發現新大陸，他開啟了浩瀚文學的閱讀之旅，陸續讀了《茶花女》、《莫泊桑全集》、《莎士比亞全集》等小說。

十六歲的張良澤從此踏入了迷人的新世界，甚至喚醒創作魂：「我有一股衝動，我也要寫作發表。」

於是他興起創辦雜誌的想法。他將每月省下的伙食費購買蠟紙印刷的材料，一人包辦作者、發行人等角色，印了五十份，免費發送給同學，成了台南師範學校的小作家。

化感慨為壯志

看到作家為寫作而潦倒，也看到許多作品被時代埋沒，張良澤將感慨化為行動，放下自己的作家夢，畢生投入整理台灣作家遺稿並出版，包含鍾理和、楊逵、吳濁流、吳新榮、王詩琅等。

世界名著中的兩句話更成為張良澤畢生信奉的座右銘，其中一句「文學家是人類靈魂的工程師」，深深打動張良澤，「我決定一輩子就要在文學界幹下去。」另一句則是「人生唯有希望與等待」，讓他畢生永遠不放棄「希望」。

十九歲分發至小學當老師後，他開始投稿至報紙，在這時期認識了社會上的文學指導老師，也是日文寫作轉中文寫作的第一代作家，像是文心、鍾肇政等文壇前輩。鍾肇政更成為他一生敬愛的老師與大哥。

張良澤在小學服務完三年，再次面臨人生新階段的抉擇。

他不想如同其他同學七早八早就成家，加上學歷不夠高，被當時追求對象的家人看不起，因此他決心要念大學，證明自己。仍懷有作家夢的他，前三志願都填上國立大學中文系。

埋首古文典籍，卻削弱創作力

張良澤以榜首之姿考上成功大學中文系，從愛閱讀的文藝少年、小學老師兼投稿作家，躍身中文系學生，離理想的文學之路更加靠近了。

但一進成大中文系開始上課，張良澤卻倍感失望。立志當作家的他困惑，課堂上怎麼都是教《論語》、四書五經這些中國古典文學呢？

但正向的他很快轉念，既然要成為偉大的中文作家，就要了解中國五千年的文化歷史，他仍然用功取得優異成績。

在張良澤眼中，文學應該要掙脫束縛盡情創作，但他當時學習的中國古典文學既約束又內斂，大幅減弱他的創作力。

讀中文系前，張良澤筆耕不輟，讀中文系後，反而因高度審慎看待「立言」，創作幾乎停頓，「我讀中國古典文學以後，不敢像以前那般大膽想像與輕易下筆。」

「鍾肇政一天到晚罵我，說期待我是台灣未來作家，但寫給他的信怎麼都是『之乎者也』，愈來愈腐臭，要我趕緊轉到外文系，」但張良澤自認英文程度不好，只能繼續讀下去。

不過幾個契機出現，再把張良澤帶回原本的文學路。

抄寫鍾理和遺稿，開啟一生志業

大學四年的班導師尉素秋，非常照顧張良澤，寒、暑假都找張良澤幫她先生抄寫文字。尉素秋的先生任卓宣，長期投入政治思想的評論與寫作，藏書豐富。張良澤打工的額外福利，就是可以自由閱讀他們書房裡的書，因此認識了中國近代文學，如：魯迅、文學革命等。這些也是師長刻意不讓學生接觸的知識。

另一方面，鍾肇政介紹作家友人吳濁流與張良澤會面，也是從那時起，張良澤開始投稿至吳濁流創辦的《台灣文藝》，再次與台灣文學接軌。

一次寒假南下探訪友人，更成為張良澤一生志業的起點。

擔任小學老師時期，張良澤大量投稿至《聯合報》副刊，並認真閱讀諸多文壇前輩的文字結晶，其中鍾理和的文字讓他備受感動：「以前從來沒有人提過他，我讀到他的小說，講貧賤夫妻、美濃農村生活等，都會感動得流淚。」

> 台灣鄉土文學該從台灣土地與人民開始發展。真正的文學發展應由下而上，不是像反共文學由上而下。

但是不久後，張良澤就在副刊上看到「鍾理和因肺結核嘔血而死」的消息，萬分惋惜。鍾理和留下妻子與四個孩子，家中經濟窘迫。於是張良澤寫信給副刊主編林海音，說明他的投稿作品如有刊登，該篇稿費請轉送給鍾理和遺屬。

當時的老師月俸四百八十元，張良澤那篇文章的稿費約有一百五十元，有如雪中送炭，後來更有其他投稿作家也效法他。鍾理和長子鍾鐵民寫信感謝張良澤，而他也在大學放榜後回信給鍾鐵民：「我到了成大後，會去看你們。」

就讀成大的第一個寒假，張良澤實現了這個承諾，所有同學都要趕回家與家人歡聚春節，張良澤卻赴高雄美濃拜訪鍾理和家人。同學聽聞鍾家的困苦，紛紛託付張良澤轉贈一些生活物資。於是，張良澤背著裝滿衣物、毛巾等愛心物資的大包袱出發了。雖然早有心理準備，親眼看到的一切，仍讓他倍感衝擊。

這個家的一家之主變成掛在牆上的遺像，家中空蕩，徒留太太與四個孩子，年紀最大的鍾鐵民仍就讀高中。當晚，張良澤與鍾家五口擠在一張大竹床上就寢，他輾轉難眠，滿腹感慨。

鍾理和生前，為了文學創作，一家窮困潦倒，甚至沒錢治病，對文學徹底絕望，遺書甚至寫明，寧可孩子當農夫，也不准像他走文學這條路。

一個作家的藏書，淪為母親燒柴、孩子做紙飛機的材料，嘔心瀝血撰寫的珍貴文稿更是隨意散落床下。

儘管親眼見證一位作家為寫作而潦倒一生，張良澤走文學之路的決心仍不動搖，更將心中的感慨化為壯志。那個漆黑的夜裡，他對睡在身旁的鍾鐵民說：「我有生之年，一定要讓你父親的作品重見天日。」

這份文人相惜打動遺孀，於是在張良澤隔天離開前，一一找出鍾理和塞在床下的遺稿，裝進他來時的包袱。

張良澤背著滿滿愛心物資而來，再背著鍾理和的滿滿遺稿返程，「回到成大，同學都回家了，只剩我一個人，我開始抄寫那些雜亂的文稿。」

放下作家夢

鍾理和第一本文集《故鄉》出版，已是張良澤大學畢業，從日本留學返國，再回到成大教書後。歷經不同人生階段，張良澤都堅持在自身現實生活的夾縫中整理遺稿，前前後後抄寫了十五年，鍾理和的文稿才再次重見天日。

也是《故鄉》的出版，讓當時甫創辦遠景出版社的年輕出版家沈登恩如獲珍寶，特地前去拜訪張良澤並與其合作，在一九七六年大手筆出版八本《鍾理和全集》，講究的封面設計加上廣告，席捲華人世界，不僅大學生人手一冊，更熱銷到東南亞、美國等海外華人之處。

引領風潮

張良澤（後排左一）在成大教書那幾年，開設全台灣第一門文藝創作課、協助籌設台灣大專院校第一個文學獎，不僅引領了各校舉辦文學獎的風潮，也為當時鬱悶的學子開了一扇自由的窗。

「這套全集出版後，大家發現，這就是台灣文學，跟中國大陸、新加坡等其他地方文學都不一樣，」張良澤回憶，整理彙編鍾理和文稿不僅是他大學最大的收穫，也是讓他從心懷創作夢的青年，在餘生走進文學研究的契機。

楊逵、吳濁流、吳新榮、王詩琅等台灣作家的文集，也都是由張良澤整理出版。

在那個反攻大陸、台灣意識不得彰顯的森嚴年代，張良澤取得這些遺稿並不容易，必須先獲得遺屬最珍貴的信任。整理文稿更需要大量時間與心力，《鍾理和全集》花了張良澤十五年，然而人生又有幾個十五年？

儘管隨著台灣文學日漸被重視，出版條件與資源日益豐富，張良澤還是長年在與時間賽跑，為了保存台灣文學的樣貌，他更是放下自己年少時的創作夢。

化身文學守護者

作家向陽曾讚許張良澤是台灣文學的守護者。對張良澤來說，保存台灣文學是公眾的事，第一優先，自己的創作反倒較不重要，「前輩的作品不趕緊整理的話，會消失，很可惜⋯⋯我只是付出時間，但我也從整理這些前輩的文稿中吸收很多養分，」有如青少年時期從世界文學、中國新文學獲得養分，他看到發芽自貧瘠土壤的台灣文學幼苗，並用一生澆灌。

「台灣鄉土文學該從台灣土地與人民開始發展。真正的文學發展應由下而上，不是像反共文學由上而下，」這是張良澤始終如一的信念。

除了保存台灣文學作家的作品，張良澤回成大教書的幾年，更作育不少文學英才。他開設全台灣第一門文藝創作課「新文藝欣賞暨習作」，鼓勵學生創辦班刊、系刊、系報，並協助籌設台灣大專院校第一個文學獎「鳳凰樹文學獎」，邀請名作家評審，籌辦至今已經五十年。

在那個沉悶的年代，張良澤的文藝創作課與協助策劃文學獎，不僅茁壯成大的文風，也引領各校舉辦文學獎風潮。

> 一個民族沒有文化，這個民族就消失了。
> 你有文化，別人才會尊重你。

如同當年文學幫張良澤開了一扇窗，張良澤也透過文學，幫這些學子開了一扇自由的窗。譬如，張恆豪等人創辦《前衛叢刊》，向社會發聲，許素蘭、張德本、舞鶴也是得意門生。當年的莘莘學子成為中流砥柱，致力於文學界、報界、教育界等，繼續以文化澆灌下一代。

「一個民族沒有文化，這個民族就消失了。你有文化，別人才會尊重你，」身為台灣光復後的文人，張良澤始終懷抱以文化壯大民族的使命。

在現今社會，這些信念、事蹟或許聽來稀鬆平常，但在台灣退出聯合國、中美建交，政治極度敏感的七〇年代，張良澤的堅持十分不容易。

教授新文藝創作，被迫流亡日本

因為開設新文藝創作課程，教授中國新文學、台灣文學，張良澤被「間諜學生」密告，吃上「共產黨同路人」、「台獨同路人」這兩個相互矛盾的罪名，成為政府黑名單，被迫放棄成大終身教

擇善固執

一生致力台灣文學研究與傳承，張良澤如今仍然積極推動成立「台灣文學國家園區」，就像少年的他，充滿理想的倡議，捲動更多人，促成改變。

職，流亡日本十餘年。

再次來到日本，張良澤於筑波大學教書，開設以「中國文學特講」為名，但實質教授台灣文學的課程，這也是海外第一門台灣文學課。

他跟日本友人更一同籌組台灣文學研究會（後更名為「天理台灣學會」），每年籌辦大型國際研討會，並從台灣文學研究延伸至台灣研究，此研究會的日本學者還出版了一套套的台灣文學全集。

「我要讓外面的人認識台灣文學，」傳播與研究台灣文學為張良澤畢生職志，從七〇年代末流亡至九〇年代初的旅日期間，張良澤持續蒐集關於台灣歷史、社會的文獻，一生不曾為自己購屋的他，在日本，為這些文獻，貸款買了一間房子。

是否曾後悔當初堅持開課，而被迫長年流亡海外？

「不會，我人在什麼地方，就利用那個地方來做事，」張良澤堅定地說，就像出生清貧的他，仍堅持走上刻苦的文學之路，不是讓自己發光，而是成為台灣文學作家的伯樂。台灣文學在現今台灣之所以成為顯學，除了諸多文壇作家的努力，也有賴這位園丁。

這位園丁已年屆八十三歲，仍設定了人生最後目標：成立「台灣文學國家園區」。

催生台灣文學國家園區

張良澤在一九九七年開始擔任真理大學台灣文學系創系主任，兼任麻豆校區的台灣文學資料館館長，五年後退休，仍以義務職擔任館長十五年。在擔任館長期間，張良澤採取不篩選原則，讓很多人願意捐書，於海內外小有名聲。然而換校長後，關閉了資料館。

台灣各地皆有工業園區、科學園區，卻缺少文學園區。位於台南的國立台灣文學館儘管是政府設立，但空間有限、展出的文史資料都須經過篩選，不能更廣泛收藏與展出。

張良澤心目中的台灣文學國家園區應開放給全民自由活動及參與，並由國家管理，提供充足的空間與經費，收藏台灣文學相關資料。像是日本富士山下有座十多公頃的文學森林公園，即設有文學館及休閒區。

「這是我目前推廣的運動，也是我人生最後一站擘劃的藍圖，能不能實現不知道，可是我把這個議題抛出來，讓大家共襄盛舉。不是一個人做，任何人都可以加入，」在人生尾聲，張良澤仍像年少的他，充滿理想的倡議、捲動更多人，促成改變的可能。

學生張恆豪在一九七六年寫給張良澤的信中，這樣描述老師：「那種擇善而固執的精神，是可敬也可愛的。」張良澤一生都愛文學，真切愛著台灣這塊土地，他漫漫一生致力台灣文學研究，將自己投身於文史的汪洋之中，蒐集海內外的台灣文史資料、為作家出版文集、作育文學英才等工作。

這些，都為過去時代已然存在，但被忽視或噤聲的台灣文學正名，並使其茁壯，也為台灣的前世今生拼上一塊重要拼圖，讓台灣人更知道自己是誰。

撰文／陳苐薇．攝影／黃鼎翔．圖片提供／張良澤

張良澤：不要怕沒有掌聲，持續寫一定能引起共鳴

這個時代很明顯有兩個現象：工業化、科技化。社會愈來愈進步，不過對人類史來說反而有點危機。不要忘記，再怎麼進步，人就是人，不是機器人。至於有什麼方法可以記得自己是人？就得讀感情產物——文學作品，才能活得有溫度。

對於有志從事文學的年輕人，我想告訴他們，文學永遠是小眾的，文學家永遠是孤獨的，任何國家、任何時代都一樣。不要怕沒有掌聲，不要怕小眾，也不要怕孤獨，你不斷寫與繼續走下去，一定或多或少能引起別人的共鳴。文學家不像是歌唱家，有幾十萬聽眾，儘管只有五個、十個讀者也沒關係，文學會慢慢渲染去感化別人。

文學是人類靈魂的工程師，而且是永恆的。或許三、五百年後，人們會懷念哪個作品、哪個作家，反而不會記住什麼科技公司。

人類社會除了愈來愈工業化、機械化，也走向少子、人口老化的趨勢。在步入高齡社會時，年輕人應該多關心、親近老人，傾聽長者心聲，並了解、繼承其價值觀與生活經驗。

文化就是人生經驗的傳承，經驗一代傳承一代，才能形成家族或民族的文化。

窮究真理

朱經武 物理學家

發現，是人生最崇高的喜悅

沒有夢想的生命是晦暗的，
而朱經武不僅有夢，更有熱情，
在研究的路上，
不斷發現與突破。

位於休士頓大學（University of Houston）的德州超導中心就像一個小型聯合國，在這占地六萬平方英尺的雄偉建築中，有一座大型實驗中心，裡面總有上百位不同膚色、不同口音的研究人員，忙著操作儀器、專注蒐集分析數據……

知名物理學家朱經武，是德州超導中心創始主任兼首席科學家，如今即使年過八十，仍是這裡的常客。

不論白天或夜晚，只要有空檔，穿著休閒西褲、披著薄夾克的朱經武，就會出現在超導中心，關心研究進度，討論實驗結果，或是用「一個牛肉漢堡」當賭注，和研究生賭下一個數據會上升還是下降。

朱經武的學生、中研院院士吳茂崑回憶，超導中心草創之初，朱經武總是第一個到實驗室，一週工作七天、每天十二小時。四十多年來，這個習慣仍沒有太大改變。朱經武笑著說：「去實驗室是很愉快的，對我而言就像去郊遊一樣。」

打開超導新紀元

超導是近年備受矚目的研究領域，超導現象產生的零電阻與抗磁性的特性，不僅能用於超高速的超導磁懸浮列車、核磁共振造影（MRI）、超導發電機、超導濾波器，還能消除電力傳輸時的耗損，促成能源革命。

然而，如果有部超導史，史上除了一九一一年從汞發現超導現象的荷蘭物理學家昂內思（Heike Kamerlingh Onnes）外，最重要的人物中必有台灣物理學家朱經武。

過去，超導一直因為必須存在於超低溫與超高壓的環境而受限，缺乏應用價值；一九八七年，朱經武與吳茂崑研究小組發現的新材料，一舉將超導溫度由攝氏零下兩百五十度提升到零下一百八十三度（即高溫超導）。

這意味著，超導體使用便宜且方便的液態氮（沸點為零下一百九十六度）冷卻即可，等於打開了超導應用的新紀元。

立下大志向

朱經武從小喜歡玩實驗，更在一九五七年華裔科學家楊振寧、李政道獲得諾貝爾物理學獎時，在心中立下志願，要成為一位物理學家，並在未來和西方的科學家一比高下。圖為成大物理系系史館的歷史牆，上面記載著丁肇中、楊振寧等物理學者的成就。

這項劃時代的發現，轟動科學界與政府單位，造成深遠的影響。不僅朱經武獲得美國總統雷根頒發的美國「國家科學獎」，德州政府也通過特別法案，撥款兩千五百萬美元興建德州超導中心，超導更由冷門的研究領域，搖身成為全球重視的熱門焦點。

幾年來，在美國聯邦政府、州政府及私人財團支助下，德州超導中心人員由六、七人成長到兩百多人，全球研究超導的單位也從寥寥四個成長到全盛時期超過四百個。

與生俱來的科學魂

朱經武時常在實驗室就地取材、自己焊接儀器，在德州超導中心一度有「Closet Mechanic」的封號。事實上，他從小就對實驗特別感興趣。

他還記得，自己很小的時候，就常蹲在曾在美國當飛行員的父親身邊，看他拿著各種工具，敲敲打打修理家中電器。愛國心切的父親總會時不時灌輸朱經武「科技報國」的概念。

七歲時，朱經武全家從中國大陸逃難到台灣，落腳台中清水。他在家中七個孩子裡排行老三，因為食指浩繁，父母無暇一一管束，他得以盡情發展自己的實驗興趣。

有一回過年，他拿到壓歲錢就跑去雜貨店買線圈，加上之前蒐集的一些「破銅爛鐵」，竟然組裝出一台能運作的礦石收音機。「當收聽到北京中央廣播電台的播音，心裡的激動真是終生難忘，」提起這件往事，他還是難掩興奮之情。

另一回，是在做學校科展，朱經武想自製馬達，甚至曾雙手各拿一個電極，讓微弱的電流穿過身體，進而讓鐵罐做成的馬達轉動。這類「人肉導體」的危險實驗不在少數，他卻樂此不疲。

然而，從「喜歡玩實驗」到立志當物理學家，是因為一九五七年華裔科學家楊振寧、李政道獲得諾貝爾物理學獎。這個重大新聞讓舉國歡騰，當時讀清水中學的朱經武更是大為振奮：「原來科研不只有西方人能做，我們也行！」當時他就下定決心，有朝一日要和他們一比高下。

從鄉巴佬到物理系高材生

懷抱諾貝爾獎的夢想，大學聯考放榜，朱經武如願進入成功大學物理系。他還記得，自己第一天去成大報到，同學是一群群來自建中、北一女、師大附中的學生，只有自己是來自清水高中、從沒出過台中的鄉巴佬，感覺非常孤單惶恐。

> 做自己喜歡的事，別人還給你錢吃飯，
> 這是人生中最好的工作。

然而，幾次考試下來，朱經武就以傲人的成績，獲得同學的敬重。「我沒有特別聰明，但特別用功，」他回憶，成大物理系的課業壓力極重，幾乎每週都有考試，老師要求非常嚴格，甚至會用特

君子不器

朱經武展現多方面長才，接任香港科大校長時，立志要把香港科大打造成「東方的麻省理工學院」，廣邀世界各地知名教授前去講學、任教，營造一流的學術氛圍。圖為二〇〇〇年朱經武赴港走馬上任，休閒的打扮有別於傳統校長西裝筆挺形象。

別難的考題給學生下馬威。

但也就是這種加壓的環境，激發了朱經武的鬥志。有一回，老師揚言要「考倒學生」，朱經武和幾個同學就把當時圖書館有的幾本《理論物理》全部借走，一人分一本讀，再開讀書會討論，果然一起高分過關。

除了教學嚴謹扎實之外，當時成大物理系正與美國普渡大學（Purdue University）建教合作，購置了大量全新的儀器設備，在硬體上也很有優勢。不過，最讓朱經武懷念的，還是系上的老師。

他回憶，那時自己對剛興起的半導體很感興趣，但需要高質量的單晶做實驗。當時單晶非常昂貴，教固態物理的老師彭望謙知道這件事，不但沒有要他打退堂鼓，反而積極申請國科會計畫，為他爭取這筆經費，「後來真的申請到三千美元，算是一筆巨款，那時候當預官一個月薪水也只有十美元。」

雖然因為要向國外購買材料，過程耗費不少時間，當單晶抵達時，朱經武已經接近畢業，以致實驗沒做成，但老師的熱誠與付出，讓他至今仍感念在心。

因緣際會踏入超導領域

大學畢業後，朱經武追隨著時代潮流出國留學，先是在美國紐約市福坦莫大學（Fordham University）讀研究所，因為那裡有位叫赫斯（Victor F. Hess）的老師發現宇宙線，在一九三六年獲得諾貝爾物理學獎，但他在朱經武抵校第二年便過世了；後來，他又申請到加州大學聖地牙哥分校的博士班，在那裡遇到研究金屬超導體的權威馬蒂亞斯（Bernd Matthias），從此與超導結下不解之緣。

其實，實驗超導研究並非朱經武的第一選擇。剛到加州大學聖地牙哥分校時，一位頗富盛名的理論物理學家柯恩（Walter Kohn），也是一九九八年諾貝爾化學獎得主，看到朱經武的成績不錯，有意收他為徒，朱經武也很心動，然而柯恩的實驗室暑期放假沒有研究助理的資助，很需要這筆暑假收入的他於是投入馬蒂亞斯門下。

一生發現數百個具超導特性合金的馬蒂亞斯，給學生很大的自由度。朱經武還記得，當時馬蒂亞斯同意收自己做學生，朱經武問他，博士論文應該做什麼題目，沒想到這位教授回答：「你問我做什麼？這是你論文的一部分啊！」這句話說白了，就是「你必須自

處事圓融

朱經武（右二）到新環境，一開始都顯得有些「異類」，但總能很快融入並表現傑出。念成大如此，在貝爾實驗室工作如此，主持香港科大也是如此。原因在於，他不只擅長消除電子的電阻，也懂得消除人際之間的阻抗。左二為成大校長蘇慧貞。

己思考」。

然而，儘管平日不給太大壓力，但當朱經武的研究有了一些進展，馬蒂亞斯會在三更半夜打電話給他討論，同時鼓勵他打破窠臼，不要被傳統的觀念束縛。朱經武懷念地說：「他是超導界的巨人，若非英年早逝，應該能得諾貝爾獎。」

在加州大學聖地牙哥分校，令朱經武真正一見鍾情的，是他未來的妻子陳璞。陳璞是微分幾何學家陳省身的女兒，從小資質聰穎，十九歲就從柏克萊大學物理系畢業，到加州大學聖地牙哥分校讀研究所。

「第一次見面，我就被她的聰明吸引，」朱經武回憶，雖然陳璞從小在美國優渥環境長大，自己來自台灣物資匱乏的鄉村，背景差異大，兩人卻一見如故。朱經武博士畢業，兩人就決定結婚。

事後證明，他的眼光非常正確。陳璞後來轉念經濟，但能和他聊物理，也能扛起事業，甚至創辦了一家銀行，而且對朱經武把實驗室當家的行為，完全能理解與包容。朱經武笑著說：「她父親也是這樣，她習慣了。」

勇敢走自己的路

王國維把晏殊《蝶戀花》名句「昨夜西風凋碧樹，獨上高樓，望盡天涯路」做為做學問的第一重境界，而用來形容朱經武畢業後的前十年研究奮鬥，也十分貼切。

因為在博士班表現優異，一九六八年畢業後，朱經武即進入美國首屈一指的貝爾實驗室（Bell Labs）。貝爾實驗室是全美固態物理的中心，他不諱言：「裡面好幾個未來諾貝爾獎的得主（包括崔琦，獲得一九九八年諾貝爾物理學獎），能與他們共事，對未來發展啟發很大。」

> 不斷尋找新東西，而且比別人更早找到，
> 是最過癮的一件事。

因為競爭激烈，貝爾實驗室就像一個鯊魚匯聚的池子，氣氛緊繃。不過，朱經武當時很年輕，「不被視為競爭對手」，所以和多數人都相處融洽。在貝爾實驗室兩年半後，他轉去俄亥俄州的克里夫蘭州立大學（Cleveland State University）任教。

不為趕時髦而做研究

許多人認為，一九八七年的大發現是朱經武人生最關鍵的轉捩點。可是，在他心中，鮮為人提及的克里夫蘭大學時期，意義更是重大，「這是我第一次獨當一面，讓我信心大增。」

在克里夫蘭大學，朱經武組織了多場大型國際會議，還第一次進入國家電視台（NBC）接受採訪，開始建立起自己的名聲。他回憶，當時適逢美蘇冷戰，美國與蘇聯的人員交流幾乎完全喊停，但他的實驗室突破限制，邀請蘇聯的高溫超導科學家合作，引起相當

大的矚目。儘管後來合作沒有太大成果，但對朱經武而言，卻是一次意義非凡的經驗。

也是在這段時期，朱經武立定了研究高溫超導的方向。他還記得，當時自己每天都帶兩個便當去實驗室，從早晨一直工作到深夜，幹勁十足，一點都不覺得疲累。

實際上，在一九八七年的重大突破前，超導研究乏人問津，全美做高溫超導的經費不到一百萬美元，朱經武也曾有過徬徨。幸而岳父陳省身的勸告，讓他茅塞頓開。

「做研究不要趕時髦，因為（趕時髦的研究）跳進去時已經有一堆人在裡面搶破頭，」陳省身建議他「開創自己的路」，而且要堅持不懈，不要遇到一點挫折就放棄。

跌倒，也要抓回一把沙

發明家愛迪生曾說：「我沒有失敗，只不過是發現一萬種不可行的方法。」朱經武的高溫超導研究之路，也是在一次又一次的失敗中摸索前進，但他總是不忘母親叮囑的「即使跌倒，也要抓回一把沙」，永遠在失敗中學到教訓，在生命的每一步都找到收穫。後來，這句話為《讀者文摘》引用，他還因此收到一百五十元稿費。

一九七九年到休士頓大學任教後，有一回朱經武與美國太空總署（NASA）合作，在太空無重力狀態下製成樣品並帶回地球，去尋找新的表面超導性。半夜一、兩點時，朱經武家的電話突然鈴聲大作，原來是學生吳茂崑打來，欣喜激動地報告說「測到高溫超導的現象」。

接電話的是陳璞，她把電話拿給朱經武，一句話沒說，就翻身睡去。

原本已經躺在床上的朱經武，則是聽完電話便興奮得無法合眼，翻來覆去許久，決定乾脆開三十分鐘的車去實驗室看個究竟。

永遠有夢

從七歲到八十歲，從少年的興趣、青年的投入到成年的豐收，朱經武始終有夢，他嚮往能持續突破、比別人更早發現，猶如王國維所說，「一事能狂便少年」。圖為成大物理系舊館一景。

結果到了現場，才發現結論有誤，空歡喜一場。大家談完之後，繼續去尋找新的超導體。

別人問陳璞怎麼如此淡定，畢竟若實驗成功絕對是新聞頭條。「朱經武三天兩頭跟我講這些結果沒成功的大發現，我早習慣了，」陳璞若無其事地說。

無論面對挫折或挑戰，朱經武都學會以平常心看待。正如他多次獲得諾貝爾獎提名，結果卻都擦肩而過，雖然遺憾，但仍能泰然處之。

「青山原不老，為雪白頭；綠水本無憂，因風皺面，」朱經武笑著說，實驗難免失敗，但無所謂，他仍舊很高興，「做自己喜歡的事，別人還給你錢吃飯，這是人生中最好的工作，不必為瑣事操心。」

建立世界知識的燈塔

所謂君子不器，朱經武除了在科學領域表現卓越，二〇〇一年到二〇〇九年擔任香港科技大學校長八年（原本計劃只做三年），也發揮了他在教育行政方面的長才。

「我希望把香港科大打造成東方的麻省理工學院（MIT），」朱經武在接任香港科大校長時如此表示。這並非一句空話，他除了廣邀世界各地知名教授去講學、任教，後來更籌建一所高等研究院，也營造一流的學術氛圍，吸收一流的學術大師，包括諾貝爾獎及其他大獎獲得者，與科大老師和學生建立一個亞洲乃至世界知識的燈塔，「目前已頗具規模了。」

在朱經武的八年任期內，香港科大在全球大學的排名從二〇〇四年的全球第四十二提升至二〇一〇年的第四十，EMBA 排名也從二〇〇四年的全球第六拉到二〇一〇年的全球第一，他則每年當選香港最受歡迎的校長，打破長年由香港大學校長奪冠的慣例，成為一則「香港傳奇」。至今，很多人都還對朱經武赴港走馬上任，穿著休閒襯衫、牛仔褲，打破傳統校長西裝筆挺形象一事津津樂道。

做人圓融，處世從容

可以說，朱經武到新環境，一開始都顯得有些「異類」，但總能很快融入並表現傑出。念成大如此，在貝爾實驗室工作如此，主持香港科大也是如此。原因在於，他不只擅長消除電子的電阻，也懂得消除人際之間的阻抗。

由一個例子，就能看出朱經武的圓融。

在他離開休士頓到香港科大當校長前，獲頒「約翰．弗里茲獎」（John Fritz Medal），大會上有位記者在大庭廣眾下不客氣地質問他：「您現在要去中國大陸（香港）工作，若大陸跟美國發生戰爭，你要幫哪一邊？」面對這尖銳問題，朱經武還是保持他一貫的從容不迫：「不論是美國或中國大陸，都是以全民的利益為優先，當兩國最重視的都是人民福祉，你認為它們會打仗嗎？」幾句話，輕鬆化解僵局。

卸任香港科大校長後，朱經武仍在各領域非常活躍，不僅擔任了四年台灣綜合大學系統總校長，也參與美國關於科技政策、國防、科學情報等多個高層委員會。做為美國國家科學院、中研院、俄羅斯工程學院、中國科學院等六院院士的他，直到近年才逐漸卸下各種行政職務，回歸最鍾愛的實驗室。

> 不汲汲營營追求名利，讓生活盡量簡單樸素，才能明確自己的志向；不追求熱鬧，讓心情平靜，才能實現遠大目標。

年過八十歲，朱經武仍然有夢，他仍不斷實驗，期盼有朝一日創造出不需要壓力的室溫超導體，屆時電力能零耗損地傳輸到千里之外，必然能改變整個世界。

「馬克吐溫說，老只是個心理狀態，」朱經武笑著說，自己最嚮往的，就是即使「老得一塌糊塗」，還能持續發現與突破，「不斷尋找新東西，而且比別人更早找到，是最過癮的一件事。」他引用王國維一句「四時可愛唯春日，一事能狂便少年」以自勉。

撰文／王怡棻．攝影／黃鼎翔．圖片提供／朱經武、成功大學

朱經武：不追求熱鬧，才能實現大目標

我現在的座右銘是岳父常說的「淡泊明志，寧靜致遠」，意思簡單來說，就是不汲汲營營追求名利，讓生活盡量簡單樸素，才能明確自己的志向；不追求熱鬧，讓心情平靜，才能實現遠大目標。我覺得這句話，也很適合送給現在的年輕人。

現在世界變得很快，我感覺年輕人也相當急切，一心想要趕快賺大錢。

我有一個朋友是中研院院士，他的孫子要從耶魯大學畢業，他很興奮就包了個百萬元的大紅包給孫子做為畢業賀禮。沒想到孫子笑著婉拒了，並且回答我那位朋友：「我的公司快要上市了，一上市會立刻價值數十億美元。」最後也真的如此。

當然賺錢沒有不好，但也可以想想，在這同時，能夠如何貢獻社會、如何充實自己。

我很佩服的兩個人是楊振寧及岳父陳省身，他們做研究非常認真，並時時想著如何以一己之力造福人群；興趣也很廣泛，對科學、文學、歷史、文化都有涉獵。我以他們為目標，希望年輕人也能以他們為榜樣。

做發明除了要有興趣、有熱情，還需要努力不懈，多方面思考。我小學有位老師叫徐敏哲，非常嚴格，每次做題目都要求我們先仔細分析，然後用多個不同的方法去解，再比較哪個方法最好。這個思考訓練影響我非常深遠，往後數十年做超導研究，我都會用這方法。

另一方面，也要懂得適時跳脫窠臼思考。

記得十幾年前，我太太陳璞與合夥人要創立銀行時，正逢美國經

濟不景氣，銀行紛紛倒閉，政府卡住了他們的申請，太太也從各方面對申請成立銀行能否通過考慮過。最後，我建議她和監管機構說，現在正是成立新銀行的時機，「其他銀行倒閉是因為呆帳太多，新銀行沒有這些包袱，正好能服務那些被倒閉銀行放棄的客戶。」太太採用了這個說法，成立新銀行的申請果然順利通過，日後成為南方一個相當成功的銀行。

開放思維

王康隆 UCLA講座教授

高工生成為工程科學家的奇幻旅程

憑藉著對物理、機械等學科的熱愛，
王康隆勇於打破既有疆界，
盡情跨域學習與研究，
在未知中持續探索未來的樣貌。

電機

從高工生到博士的距離有多遠？對一般人來說，這個距離堪稱相去天淵，但對王康隆來說，一路走來卻如順水推舟。

從小喜歡動手做，鎮日泡在實驗室

出身彰化鹿港的王康隆，與絕大多數學者的求學生涯不同，從小他對物理、機械等學科情有獨鍾，因為自己喜歡動手做，且樂於挑戰「電」這種看不到、摸不著的東西，因此選擇就讀台中高工電工科。

進入高職之後，王康隆每天泡在實驗室，但是，「學長都說最好去念大學，」他無奈談起，自己對於歷史、地理完全不感興趣，也缺乏接觸和了解。還是青少年的他，開始對前途感到徬徨——難道不再升學？

還好，升上高二時，大專聯招改成分組考試，報考甲組（包括：理、工、醫）的學生不用考歷史、地理。「上天掉下來的禮物，」王康隆高興地說，雖然高職所念科目與高中截然不同，但靠著努力自修，還是擠進大學窄門，「我全部只填電機系，總共只填了三、四個志願，幸運考上成功大學電機系。」

如願進入大學殿堂後，他徜徉在電子電路、電磁學、工程數學等浩瀚學海中，在課堂上學習基本學理，也在實驗中探索樂趣。至今，他對當時的系主任周肇西，以及周達如、袁定培、沈在菘、夏少非、王載等教授的授課方式與課程特色，仍如數家珍。

周肇西常開玩笑跟學生說，一定要努力學習，不要讓他生氣，因為他有高血壓。有意思的是，當時正值真空管轉變為雙極電晶體的時代，有些同學覺得他教的電子電路沒有太大用途，沒想到二十年後又變回來，真空管的電路其實跟現在的CMOS電路相當類似，周肇西所教的電子電路，又派上用場了。

周達如則是教電儀表測試原理，儘管現在的電表都已是電子電表，毋須再用傳統表針去精準讀表，但是他所教的原理與現在所有微電動的器件仍很相像，至今一樣受用。

王載的教法也很特別，他在每次上課的一小時之內，會從黑板左側寫到右側，從頭寫到尾，一個字不擦，還會用不同顏色的粉筆標記，是王康隆記憶中講課清楚、板書漂亮的好老師。

就業環境不佳，毅然選擇留學

一個實習機會，讓王康隆看見真實社會，開始思索自己的所學所用。

當時成大規定，學生在大二升大三的暑假，必須參加企業實習。他利用兩個月時間，分別前往台中廣播電台及電信局實習，卻意外發現台灣工業發展的緩慢。

「我那個年代，台灣的電子工業還沒興起，」王康隆回憶，當時工科學生要找工作，只有兩個選擇：一個是去電信局，但所學的電機、電子專業就沒有用武之地；另一個是當老師，但若沒有合適的管道，也沒有自己的位子。

然而，讓電機系學生覺得前途茫茫的，還不僅於此。

積極跨域

進入MIT就讀之後，可自由跨系修課的方式，讓王康隆得以和不同科系的優秀學生彼此切磋，打下扎實、多元的知識基礎。

在一九五〇年代末期到一九六〇年代，電腦產業面臨從真空管到電晶體的典範轉移，即將迎來全新的半導體世代，但學校主要還在教導真空管的知識，對剛萌芽的電晶體較無著墨，讓電機系學生對於能否學以致用萌生深沉的不確定感。

「台灣早年沒有電機相關研究所，且缺乏最新師資，加上當時尚未培養出電子產業，畢業生根本沒有出路，」王康隆決定搭上留學潮，出國進修。

「當時，美國總統甘迺迪認為，發展科技需要多元化的思維，於是開放外國人申請獎學金，」一九六五年時，他申請到麻省理工學院（MIT）獎學金，用父親、姊姊和哥哥共同籌齊的一千美元買了一張單程機票，歷經多次轉機，飛抵美國東岸的波士頓，在MIT展開新的學習生涯。

在王康隆的印象中，一九六五年的一千美元相當於新台幣四萬元，不是一筆小錢。他記得當年破釜沉舟的決心，也讓他日後面對重重學習挑戰，背負不能輕言放棄的壓力。

在MIT跨域學習

王康隆對數學、物理等基礎學科充滿興趣，並且覺得大學所學仍有不足，因此進入MIT後，他充分把握到不同系所修習的機會。

MIT對教育的做法與台灣大不相同。台灣多半由各系所獨立開設所有課程，美國則認為，學生想學固態物理就去物理系、想學微積分就去數學系，這類基礎專業課程都由所屬科系負責，而非由各系另聘老師開課。

這種方式，為王康隆開啟了跨域學習的大門，也讓他得以與各系優秀學生一同上課、彼此切磋，打好物理、數學等基本功。

「這樣的課程設計很有打破壁壘的效果，」王康隆認為，如果只在電機系修物理、數學，即便獲取高分，仍舊不知道自己的實力跟物理系、數學系的學生是否有差距，但是一同學習，就能知道自己的真正實力，不必擔心不如別人。

到別系上課，與高手過招，也讓王康隆大嘆人外有人、天外有天。他記得，在數學系上課時，遇到一位天才少女，年僅十五歲就拿到博士學位、獲聘擔任教授，讓他見識到：「世界上的菁英與天下武功，都是無奇不有。」

> 只要打破既有的疆界，就能開啟探索未知世界的大門。

取得博士學位後，為了從業界研究探求半導體領域的前端知識，王康隆選擇進入奇異電子研究發展中心（GE R&D Center）擔任電機工程師。在這個人才濟濟的環境，他從許多亦師亦友的前輩身上，學到重要的科研方法，為後來的研究之路奠定重要基礎。

在奇異電子的諸多「導師」當中，影響他最深的，是兩次諾貝爾物理學獎得主約翰・巴丁（John Bardeen）的學生格雷（Peter Vance Gray）。

「他教我研究要先從小原理開始著手，再逐步擴展與深入，比較容易有大發現，」王康隆舉例說，如果一個實驗必須花一週才能做完，一年就只能做五十二個，但如果一天能做一個實驗，一年就能做三百六十五個，速度快了六到七倍，如果一天做三個，一年就可以做一千個以上。此後，他一直謹記由小而大、不要好高騖遠的研究精神。

耐心尋求突破

王康隆（右）離開奇異電子後，轉赴UCLA擔任教授，帶領研究團隊跨校合作，首度發現並以實驗證明「馬約拉納費米子」的存在，為物理界揭開長達八十年的神祕粒子之謎。

在奇異電子任職七年後，王康隆轉赴加州大學洛杉磯分校（UCLA）擔任教授，自此投入自旋電子、積體電路、奈米電子、微波與光電子、量子結構及計算等領域的研究，也擔任過美國多個研究機構的重要職務，目前仍擔任UCLA電機工程系特聘教授暨雷神講座教授。

一路走來，他的學術成果琳瑯滿目，對半導體製程演進、新一代記憶體研發、新一代超低耗能電子元件的研發都有重大貢獻。其

突破極限

研究「馬約拉納費米子」的過程並不容易。王康隆與團隊持續改善磊晶生長與材料結構，經過無數次修正才終於成功，讓量子運算技術獲得重大進展，突破現有電腦的極限。過程中，他始終堅持把每個環節做到極致，不輕言放棄，終於獲致成功。

中最令人津津樂道的成就，是他以實驗證實了「馬約拉納費米子」（Majorana fermion）的存在，為物理界解開長達八十年的神祕粒子之謎。

「馬約拉納費米子」的起源，是義大利理論物理學家馬約拉納（Ettore Majorana）在一九三七年發表的論文，論文中假設這種沒有電荷中性的粒子存在，屬於一種思考的假設；二〇〇〇年之後，許多科學家投入粒子物理研究的實驗，希望在固態中找尋「馬約拉納費米子」的存在。

王康隆帶領的UCLA研究團隊，與史丹福大學、加州大學爾灣分校和加州大學戴維斯分校的團隊合作，首度發現，並以實驗證明「馬約拉納費米子」的存在，相關成果發表在二〇一七年的《科學》（*Science*）期刊上。王康隆與另外兩位物理學家，也在二〇一八年共同獲得國際純物理和應用物理學會（IUPAP）頒發的「磁力獎」（Magnetism Award）和「路易斯奈爾獎章」（Néel Medal）。

促成下一代量子電腦研發

不過，這個重大發現的背後，其實有許多不為人知的辛苦。

王康隆剛開始做「馬約拉納費米子」研究的時候，遇到許多材料及結構介面的問題，因為必須在某種特殊情況下，才能觀察到拓樸超導現象。為了解決這個困境，團隊積極尋找合作夥伴，例如：與加州大學戴維斯分校教授劉凱合作超導實驗，但因當時UCLA的超低溫設備不夠健全，特別前往佛羅里達州的美國國家實驗室進行測試，卻因路途遙遠、效率不高，研究進度緩慢；後來，轉而就近找加州大學爾灣分校的教授夏晶合作，透過其超低溫實驗室設備，終於有了不錯的進展。

> 只要有格物致知、裨益社會的效果，都值得全力以赴。

王康隆表示，研究過程中最困難的部分是單晶層材料的生長，團隊持續改善分子束磊晶（MBE）的生長程序及構架，來優化材料結構，而在最終測試階段，又發現材料及構架產生不良的影響和變化，經過無數次耐心修正，才慢慢解決這些困境。

儘管這是為了降低半導體功耗，在研究拓樸絕緣體材料與超導體薄膜材料時的意外發現，但在拓樸量子運算發展的過程中，實屬重要里程碑。

王康隆強調，「馬約拉納費米子」用於拓樸量子運算在理論上非常有可能存在，儘管要證實其在真實世界存在，恐怕還得再花一些時間，但對下一代量子電腦的研發仍極具意義。

現在，利用超導體做量子運算，因為「糾纏」得不夠久，量子位元（Qubic）壽命不長，但是如果能解開「馬約拉納費米子」的奧祕，讓粒子像織布一樣編辮（braiding）在一起，比較不容易散掉，其壽命就有機會從微秒延長到毫秒等級，讓量子運算的技術獲得重大突破。

王康隆認為，「馬約拉納費米子」的主要應用在於拓樸量子領域，其中又以量子感測的發展潛力最高。現階段的晶片是一個運算完才交給下一個運算，但是，未來量子運算則是一個動起來，其他每個都會一起動，運算速度將呈指數型增加，可以突破現有電腦的極限。

舉例來說，一台量子電腦同時具有的狀態是以二的次方加乘，如果是五十量子位元的電腦，其運算能力相當於二的五十次方的傳統電腦，差不多等於是十的十五次方，量子電腦的威力可見一斑。

事實上，因為看好拓樸量子運算的發展，王康隆非常鼓勵台灣的學術研究機構與產業單位積極投入研究，成大半導體學院也是其中之一。他強調：「台灣的半導體有良好基礎，而且製造品質獲得全世界認可，台灣的量子運算如能站在半導體的成功基礎之上，未來要邁向規模化製造，絕對大有可為。」

橫跨基礎與應用科學

王康隆的研究領域橫跨基礎學科與產業應用，有些人覺得跨度很大，但他認為，基礎科學與應用科學其實是一體兩面：基礎科學是出於人類的好奇心，像是觀察星球運轉、日月盈虧等現象，從分子、原子等基本概念去探索宇宙萬物的原理；至於應用科學，則是將基本原理應用到工業、產業上，為人類生活與經濟行為產生貢獻。

從歷史上來看，許多科學研究的重要發現，都是從應用面著手，但為了探究原因而一步一步往基礎面深入研究。例如，法國微

樂在教學研究

年過八十的王康隆，至今仍在台灣與美國兩地之間來回奔波，總是神采奕奕地投入研究與教學工作，一點也不覺得辛苦。

生物學專家巴斯德（Louis Pasteur），原本是為了解決疾病問題，但研究之後就想了解致病原因，發現細菌存在之後，跟著想知道細菌為何滋生，因此為人類解開了疾病菌原之謎。

對王康隆來說，做科研的精神與原理都一樣，「不用刻意區分基礎研究或產業應用，只要有格物致知、裨益社會的效果，都值得全力以赴。」

不僅研究領域涵蓋基礎與應用面，他也強調，人際之間、思維空間，都毋須畫地自限。因此，他十分鼓勵年輕學子多與國際合作、培養國際觀，他自己就曾帶領美國二十多所大學、超過二十位教授展開跨國研究計畫，也與英國、德國、日本、韓國、中國大陸、台灣的學校與研究團隊廣泛合作。

「不用什麼都自己做，只要找最專業的團隊合作，就能將研究提升到世界一流水準，」王康隆說。

拉開視野來看，不同社會有不同文化、思維及方法，每個國家的人，想法都不一樣，這種文化的刺激與思路的激盪，自然會點燃創新的火花。

王康隆舉例，文藝復興的發源地之一威尼斯，當時是重要的通商港口，經濟條件發達後，就有能力創新，使得人文思潮與文化藝術百花齊放。美國也是類似，創新主要發生在東岸與西岸，因為那裡是交通樞紐及經濟文化交流的中心；中部相對封閉，就比較缺乏創新。他強調：「年輕學生可多交世界各地的朋友，打破國家界線，久而久之就會擁有世界觀。」

更多跨領域的交會

儘管已過八十歲，王康隆仍穿梭在美國及台灣之間，每天神采奕奕，熱情投入研究與教學工作，同時也樂於參與台灣各項研究計畫，培育新一代的科技研發人才。

在後輩眼中，王康隆是位謙遜有禮的長者，儘管他已是國際級的科學家，但完全沒有架子，且喜歡用正向話語鼓勵年輕學者，對於提攜後進，更是不遺餘力。

成大電機系主任林志隆，就是他指導過的學弟。採訪王康隆當天，林志隆熱情現身，全場陪伴，還帶著王康隆一同追憶早年使用過的儀器設備……，因為他一直記得，自己多年前到美國當訪問學者時，得到王康隆無微不至的協助與照顧，不管是專業、視野及人脈，都有滿滿收穫。

事實上，王康隆作育英才無數，學生遍及學界與業界，台積電資深研發副總米玉傑、三星半導體部門會長暨綜合研究院院長金奇南……，他對學生的成就從不居功，也不覺得教學只是單純的知識傳授，但是每回從年輕人的思想與意見中獲得新的刺激，總能讓他感受到教學相長的喜悅。

王康隆笑說，現在做研究沒有什麼大目標，繼續投入量子運算、半導體研究，高興做什麼就什麼，一切都是為了興趣。但他最樂在其中的，還是跨領域的研究，「多數科研的突破，都來自不同學科、不同文化、不同想法的交會，只要打破既有的疆界，就能開啟探索未知世界的大門。」

撰文／沈勤譽．攝影／焦志良．圖片提供／王康隆

王康隆：學會自修能力，就能解決各種問題

我在服役時，有過一段有趣的經歷。當時我到金門擔任雷達官，有次雷達故障，士官長修了兩、三天，仍然束手無策，卻始終不開口請他協助。原來，士官長的刻板印象認定，預官只有英文好、根本不懂實務，還好我從小就喜歡動手做，加上高工與成大的訓練，一動手就找到癥結點，並且順利修復，從此士官長對我刮目相看，我也充分體會到理論與實務兼具的重要。

很多年輕學子擔心學用落差的問題，但學校只是給你一個環境，課本上學不到，就自己去學，如果能掌握這種「自修」能力，畢業後遇到什麼事情都能自己解決。

我在大學時代就遇到從真空管到電晶體的重大技術革新，當時覺得毫無頭緒，因為對電晶體什麼都不懂，必須從頭學習，但為了跟上時代，就要自己進修、加強學習。

我建議大學本科教育應該在基礎與應用之間取得平衡，學習基礎知識才能引發好奇心，學習應用知識才能產生驅動力。例如，學生學會半導體的技術，未來可以到台積電工作，這就是一種驅動力；但基本知識也很重要，在科技發展瞬息萬變的時代，不可能靠著大學、研究所學會的東西用一輩子。

遇到技術變化的時代，如果對基本知識充分掌握，才能持續進修，跟著變化往前跑，過去從真空管到電晶體如此，現在進入量子電腦時代也是如此。

破局再創

李文造 長虹關係企業集團總裁

從監工到CEO 50強

從零元創業到打造市值數百億元的企業，
李文造從不把環境因素當藉口，
憑著自己的努力改變命運，
打造出兼顧事業與家庭的完滿人生。

二〇一八年，《哈佛商業評論》全球繁體中文版評選「台灣執行長50強」，長虹建設董事長李文造名列二十五名；二〇一六年至二〇二二年，均連續入選為「台灣企業領袖100強」。

該年長虹總股東報酬率為台灣全體上市櫃公司前三名，即便在建築業不景氣之時，他的建案依舊搶手，不論是商辦大樓或科技豪宅，往往剛推出即預售一空。

略令人有些意外的是，走進位於華山公園旁的長虹建設總部，不見氣派豪華的大廳，反倒低調而樸實；年過八旬、滿頭白髮的李文造，走起路來虎虎生風，話語明快簡潔。

他與所有員工一樣，在沒有隔間的辦公區工作，李文造笑說，「一方面是勤儉，其次是效率，因為如果一個人坐在董事長室，要找同事進來說話，既不方便又浪費時間，而且我不擺架子又沒有祕密，什麼事都可以公開討論。」

勤儉與誠信，被李文造奉為圭臬，也是他從零元創業到今日打造出數百億元市值企業的公開祕密。

因為困苦更懂珍惜所有

李文造於一九四二年出生在三峽一個赤貧家庭，從小和養母過著相依為命的單親生活。在他的回憶中，當時三峽、鶯歌、山佳是產煤聚落，居民普遍貧窮。但，到底有多窮？他說：「前總統陳水扁家是三級貧戶、佃農，但好歹有吃有穿，我家則是經常吃不飽、穿不暖，算是超級貧戶。」

下課回家，李文造趕快去照顧雞鴨、整理菜園、挑水生火；農忙時節得去打工，放假賣冰棒、做資源回收都是家常便飯；遇

刻苦奮發

李文造（後排左二）儘管出身赤貧，仍努力向上學習，在高中時不僅發現讀書的竅門及樂趣，高二擔任班長的歷練更成為他日後經營管理的重要養分，練就他對事情的思考、規劃、決策力，以及開闊的視野。圖為李文造和高中同學在他自己耕作的菜園前合影。

到下雨或颱風過境，賴以棲身的土角厝破損漏水，自己摸索著修補……，每天忙於應對生活，「未來」顯得遙遠而模糊。

幸運的是，養母因自己不曾上學，無論生活再艱困，也不忍讓兒子中斷求學。他還記得中學時，天剛亮就得出門，走到鶯歌搭火車到桃園，再走三點五公里到武陵中學上課；每天走路往返路程將近十五公里，即便處於叛逆期，他也知道，「能上學」是多麼奢侈的事。

> 誠信就是最好的無形資產。

但畢竟正值青春期，李文造笑說，那個年紀多少有點愛玩又叛逆，像是把母親好不容易賺來的買書錢和車票錢拿去花用，再跟學長借舊課本，或是搭霸王火車，加上多數時候忙於生活，根本沒時間好好讀書，初中的成績自然紅跡斑斑，不僅初二念到留級，初三補考才過關，當年考高中也不意外地落榜了。

壞學生終於變好學生

生活的現實，讓落榜的李文造無暇多想，認分地去公家單位當工友，不意這段經歷，卻成為他人生的重要轉捩點。

五、六〇年代的公務機關威權色彩仍濃，初入職場的李文造鎮日受到長官責罵，加上看了許多貪腐行為，讓他深深感受到當學生的可貴，隔年再度重考，一舉考上武陵高中；日後進入職場並創業，他更終身堅守誠信、不收回扣紅包的原則。

高中二年級，李文造笑說是從「壞學生」變成「好學生」的關鍵期，因為重考，昔日初中死黨全成了學長，不僅主動將舊課本送給李文造，省下一筆可觀的費用，還陪他去開學報到，建議他上課盡量往前坐。果然，他發現，坐到第一排真的更能專心聽課，也逐漸發現讀書的竅門及樂趣，不僅拿到生平第一次月考第一名，高二時還被推選為班長。

李文造在日後受訪時，提及這段當班長的歷練，直說是他成為經營管理者的重要啟蒙經驗。

繁重課業打下扎實基礎

由於當年李文造考上的是武陵高中部第一屆，高二班長等於是學校的「大哥大」，舉凡學校的各種活動、典禮儀式，協助老師經營班級，輔導同學功課，到帶同學爬山郊遊，都由李文造負責，練就他對事情的思考、規劃、決策力，以及開闊的視野。雖僅擔任一年班長，卻成了同學農委會前主委陳武雄、前立法委員殷乃平等人口中永遠的「班長」。

令同學刮目相看的李文造，大學順利考上成功大學。「在我們那個時代，工科最著名的學校就是成大工學院，」小時候修補土角厝的經驗，讓李文造對土木建築產生莫大興趣，考大學時自然以成大土木系為第一優先。

不過，現實和他的想像有著極大落差。

「原本以為上了大學就像上天堂，可以過悠哉的生活，」他大笑說，沒想到成大工學院的課業是出了名的扎實，「白天是上課時間，考試都集中在晚上，雖然可以翻書，但一考就是三、四小

以誠立業

憑藉誠信與對品質的重視，李文造和工人、包商建立起革命情感，而長期累積下來的人脈又幫助他在創業初期便承接下嘉寶自然工業數千坪的廠房工程；再加上，他勤跑工地、對施工品質一絲不苟的態度，又讓業主留下深刻印象，不僅奠定長期合作的基礎，更造就了禁得起三、四十年歲月考驗的優質建築。圖為李文造創業時期承包的第一批大規模廠房與辦公室。

時。」不僅是土木系，李文造至今仍記得工學路兩旁的系館，夜晚總是燈火通明，足見課業之繁重。四年的學習歷程，扎扎實實為李文造打下堅實基礎，「進入職場工作反而覺得輕鬆。」

除了課業繁重，李文造還得面對龐大的生活費問題。

為了省下台北到台南的車資，他去中央果菜市場拜託北上送貨的司機讓他搭回頭便車，或是跟鶯歌定期運送陶瓷到中南部的貨車司機商量，沿路協助送貨換取免費搭乘，往往得花上兩天一夜才到得了成大，他無奈感嘆：「比去美國留學還花時間。」

雖說公立大學學費相對較低，但對李文造來說，仍是一筆龐大支出。他除了平日打工當家教，寒暑假更到生母哥哥開設的電器行幫忙顧店，偶爾也跟著去應酬，學了許多人情世故。

不過，生活中並不是只有窮苦，窮學生也有自己的玩法與快樂。回想起大學生活，李文造說自己學理工的，對文史沒有特別研究，但依舊騎著從台北運下來、丟在路邊都沒人偷的破爛腳踏車，一路騎到安平、赤崁樓、關廟，四處探索台南的風土人情；熬夜讀書時，花五角錢買一塊山東大餅；偶爾吃一頓專門賣給港澳僑生的港式小點，則是生活裡莫大的享受。

創業後沒有為錢發愁過

六、七〇年代正逢台灣經濟快速起飛，對年輕人來說，只要肯努力，處處是機會；但也因台灣國際地位飄搖，許多年輕人畢業後一窩蜂往美國跑。出身貧窮家庭，李文造不敢奢望和同學一樣，他為自己規劃的未來就是：就業、賺錢，最終創業，為此大四時還特別選修了經濟學和法學緒論，為創業做準備。

因為在電器行幫忙的經驗，讓他從中看到做生意的要訣，進而萌發畢業後創業的念頭，但眼見周遭沒出國的同學都忙著考公職，竟無一人有創業計畫，讓他退後一步思索，決定先到相關行業歷練一番再做打算。

他先是進入知名的高而潘建築師事務所擔任基層繪圖員，但旋即發現非己所長，便毅然離開；之後，他進入永大營造廠擔任工地主任，過著風吹日晒雨淋的工地監工生活卻不以為苦。兩者差異，讓他有所體會：「我是學土木的，從工地開始學起應該沒錯。」

兩年後，營造廠老闆決定出國並結束營業，李文造評估自己對營造業已有大致認識，便大膽地以創業取代找新工作。

「我是零元創業，」提起創業之初的赤手空拳，李文造謙虛中透著幾分驕傲。在永大工作期間，他謹守「誠信」原則，不拿回扣紅包，加上天天駐守工地，與工人、包商建立起長期的革命情感和信譽，他認為：「誠信就是最好的無形資產。」

以認真態度贏得貴人相助

創業之初，辛苦難免，幸好之前累積的人脈派上用場，主動介紹案子給他。

李文造清楚記得，創業的第一個案子是三峽同鄉介紹的，那是一位老木工師傅，經常幫雪印公司做木工，得知雪印要裝修辦公室，成功向雪印力薦李文造。隔年，李文造更在長輩保證和推薦下，承接下嘉寶自然工業數千坪的廠房工程。

占地兩千多坪的嘉寶自然工業廠房，是由知名建築師沈祖海設計，採用許多當時堪稱前衛的設計。沒有大工程經驗的李文造，每天清早就從台北騎著一台本田50C.C.機車到鶯歌的工地巡視，緊盯工程進度，確保施工品質；期間還大膽建議業主提前採購足量鋼筋存放，避免因當時爆發的石油危機增加成本，讓業主對這個年輕人留下深刻印象。

嘉寶自然工業廠房在完工三、四十年後仍完好如初，不需要任

親力親為

靠著精準的眼光與親力親為的個性，李文造（站立者）帶領長虹建設在亞洲金融風暴、九二一大地震、SARS事件等多次變局中迭創新機。

何修整，足見當初施工品質之精良。這個案子，也成為李文造創業初期的代表作。

創業過程中，他獲得許多貴人幫助：「業主覺得我這個年輕人受到好評，應該值得信賴，就會給我預付款；施工時，合作的包商都熟識，也主動提議做完再收錢，所以我創業後在銀行就有許多存款，沒有為錢發愁過。」

除了以誠信為創業原則，李文造也有一套「勤儉哲學」。

他認為「大富由天，小富由儉」，因此創業之初他以家為辦公室，從工地撿回一塊破門板當作製圖桌，客廳一角是和包商開會之處，花不起一萬六千元安裝電話（當時公務員薪資平均為三千元到六千元），每天早晚抱著一堆銅板，跑到住家對面巷口的公共電話，逐一聯繫工人、包商，確認工程施作進度，在公共電話前一站就是一個多小時。

始終站在第一線

就這樣，從土木包工業到小營造廠，慢慢累積資金與經驗後，一九七五年，長虹建設成立。當時，李文造才三十三歲。

大約三年後，長虹推出第一個作品「廣運大廈」，短期內銷售一空，爾後更以精準的購地眼光、優越的施工品質與土地開發能力、成本控管力，讓長虹建設的毛利率明顯高於同業，更連年創下高成長、高獲利的業界傳奇。其中的祕訣，就是李文造的誠信與親力親為。

不論是小營造商時期，還是後期的土地開發，李文造始終站在第一線，尤其是買地，都是他親自一筆一筆談定。他謙稱，買地只要從「消費族群、規劃坪數、銷售價格」三大原則思考，就能做出正確的判斷。但他亦堅持「有所為，有所不為」，例如，為了環保，不從事山坡地開發。「山林好好的，為何要破壞？好的地再找

重視交流與傳承

李文造（著藍灰色工作服者）和同事關係親近，經常關注他們的需求。即便退休了，他依然坐在同個辦公空間，一起討論問題、幫助彼此成長。

就有，山林一旦毀了就沒了。」

靠著精準的眼光與親力親為的個性，李文造帶領長虹建設在歷經多次風暴中迭創新機。譬如，一九九七年亞洲金融風暴、九二一大地震、SARS事件等，他逆勢出擊，陸續購入內湖、大直與台北市市中心地段，大膽採用預售方式並百分之百完銷；隨後，又領先市場為科技業量身打造時代感十足的豪華科技大樓，讓長虹建設成為內湖商辦之王。

從生活衍生的創新

此外，李文造認為，不斷創新也是企業成功的必備要素。例如，九二一大地震後，在建築的工法、結構安全、居住形式都有很大的改變；再加上，隨著生活水準的提升與國外觀念的引進，創新的想法、工法與技法也不斷出現。但他同時強調，這個創新，必須是「在專業裡面創新」，而且這個創新不是銷售噱頭，是務實的、對生活有所感而衍生的。

他舉例，腳踏車屬於傳統產業，曾經幾乎成為夕陽產業，但巨大集團透過種種創新手法，把捷安特打造成世界品牌，就是成功的創新；統一超商也是很好的例子，不僅將傳統的柑仔店轉型成具有當代性的便利生活代名詞，還打破市場慣性，把香蕉拆成一根根賣，這都是「在專業中的創新」。

李文造自己也經常在生活中發現創新的做法。

例如，他在與孩子一起洗澡的過程中發現，為何過往浴室始終隱身於室內陰暗角落？他進而打破陳規，開創明亮的邊窗浴缸，甚至將浴室移往家中最明亮的位置，這個業界創舉，不僅大幅提升居家生活美學，也翻轉室內規劃設計。

又如，因為經常下廚，他率先提出「開放式廚餐廳」概念，透過強化廚房和餐廳的採光通風設計，扭轉過往對廚房髒汙、油膩的印象，成為全家人共同的生活中心，廣獲女性消費者認同。

> 要用盡一切努力去改變命運，而不是讓命運來支配你的人生。

「簡單說，就是站在消費者的角度來思考，」李文造認為，不論是蓋住宅或是商辦大樓，都要從居住者需求著手，以突破傳統和市場慣性的創意，從硬體的一磚一瓦，打造出可以世代相傳的好宅，或便於使用的工作空間。

同心圓的健康社會

縱橫台灣建築界大半世紀，李文造最看重的，反倒不是事業，而是家庭。許多人視為老掉牙的「家和萬事興」，對他來說，其實是事業的基石。

從小成長於單親家庭，李文造對完美的家庭格外嚮往，婚後隨著孩子陸續出生，正逢事業打拚期的他並未因此與孩子疏離，反倒經常找時間與孩子交流或培養共同興趣，如：爬山、打乒乓球或羽毛球等，拉近彼此的距離，凝聚家庭的向心力。

隨著兩個兒子分別取得國內外學士、博士，進入長虹建設擔任要職，女兒則在長虹教育基金會從事慈善工作，一家五口每天一起吃便當、上下班，假日一起打羽球，既是親人，也是朋友、玩伴，更是一起打拚事業的堅實夥伴。

李文造的確很重視家庭，但是，不僅止於此。

對於人際關係，他有一個同心圓理論，也就是要把最中心的家人照顧好，再依次往外擴展，關心親友、工作夥伴、朋友。他和家人關係緊密，和同事也是，每天工作坐在同一空間，一起討論問題、幫助彼此成長；對同業、朋友，他也以共好為前提，在相處的每一個環節都真心、用心以待。

「這個同心圓一旦建立，就能不斷往外擴及其他不認識的人，如果每個人都能這樣做，社會就會愈來愈健康，」李文造表示。這位以誠信為資產打造出建設王國的創業家，也默默以真誠，打造身邊的美好世界。

撰文／錢麗安．攝影／賴永祥．圖片提供／李文造

李文造：勤儉能夠翻轉人生

很多人聽到我出身赤貧，都很驚訝我今天的成就，希望可以分享成功的訣竅。我的人生哲學其實很簡單，就是勤儉誠信、堅持專業、敬業樂群，以及家和萬事興。而在實踐過程裡，有一些觀念，希望跟年輕人分享。

首先，「窮」不是天注定，窮就要努力，不能說窮就怨天尤人，好像所有人都對不起你，要用盡一切努力去改變命運，而不是讓命運來支配你的人生。

勤儉，就是翻轉「窮」的關鍵之一，也是我一生奉行的人生哲學。童年時的節儉是必須，因為不節儉根本活不下去；開始工作賺錢時，我把「大富靠天命，小富靠勤儉」放在心裡，敦促自己累積資產；等到創業時，勤儉等同於效率，不要浪費時間和不必要的成本，才能讓企業穩定、健康地成長；等到事業有所成時，勤儉可以轉換成生活上的環保，不需要的不買，不製造垃圾，盡量用永續概念產品，現在我的生活比環保志工還要環保，才能為地球、為自己與後代打造永續生活。

其次，要從小訓練自己的判斷力。我常說，一個人所下的判斷，就是過去所見所學的成果運用。在生活中，時時刻刻都需要判斷，有些問題需要當下即刻決定，有些可以放在腦子裡慢慢思考，前者看似直覺，但其實是經年累月經驗的累積，後者則取決於個人的學識。不管是哪一種判斷，都和你過往每分每秒的努力、歷練和經驗累積息息相關，不要小看每一次的判斷。

以道立業

潘冀

潘冀聯合建築師事務所創辦人

建築可以改變社會

潘冀以建築發聲、著力實務，
追求建築天人物我的合一，
更積極倡議體制改革，
驅動台灣現代建築發展。

一九四五年，抗日戰爭結束，四歲的潘冀坐在父親肩上，來到天津英國租界區，觀看勝利遊行。儘管吹響勝利號角，戰亂與動盪卻沒有如眾人期待般結束。

六歲時，隨著任職海關的父親調職而搬遷到廣州後，短短兩年，全家從廣州倉皇搬到澳門。

「那時是逃出來的，」潘冀回憶，在澳門，父親頓失海關工作，卻有一家八口及長期幫忙的保母、佣人，一大家子的生活要張羅，經濟突然變得拮据。

「我很喜歡吃廣東人的燒臘，但我們買不起真正的燒臘，」潘冀說，他的父親會帶著還沒上學的弟弟，到燒臘店買一瓶製作燒臘瀝出的燒臘油，一家子就用那拌飯吃。

他們以為這次僅是避避風頭，不久就可以再回到廣州，因此沒帶什麼家當。沒想到，廣州再也沒能回去，反而是隨著時代浪潮，飄洋過海來到台灣。

小學短短六年，潘冀分了三座城市念，兩年在廣州、兩年在澳門的基督教學校培道中學附屬小學，小學五年級則來到台灣的台北東門國小。

動亂時代的最後一站

居住的地方型塑著人，每個地方都在潘冀身上種下點什麼，像是流利的廣東話，與引領他一生的基督教信仰。不同土壤、不同養分，默默澆灌著一個人的性格養成，進而影響未來人生或大或小的抉擇。

潘冀到東門小學報到的第一天，維持在澳門的習慣，穿正式皮鞋上學，在光腳或穿拖鞋的台灣同學中，顯得特別異類。台灣那時各項發展都不及澳門，學校運動會時，小男生都穿著美援麵粉袋製成的短褲、打著光腳，一般道路更都是泥巴路。

全家歷經顛沛終在台灣落地，儘管一切都得重新打理，更簡陋許多，但在戰亂時代，一家人仍得以一同生活，實屬幸運。

兩年後，潘冀順利錄取師大附中實驗班初中部，讀了四年初中、兩年高中，保送成功大學建築工程系。

時代將潘冀一家帶到台灣。台灣成了潘冀成長茁壯之地，更是他建築人生的重要舞台。

開啟建築的大門

問起潘冀，建築的啟蒙為何？他回答，強調多元興趣養成的師大附中。

「師大附中的音樂課是會當學生的，」潘冀強調著，這句話瞬間將時空拉回至他的年少時期。

師大附中開設實習工廠的生產勞動課，讓學生動手做家具，除了讓潘冀發覺自己喜歡「動手做」，也悄悄種下了他心中包含建築在內的多元種子。

原本想讀醫科的潘冀，決定順著興趣與內心的聲音，選擇不再拚大學聯考，而是進入成大建築系。

十來歲的潘冀從台北搭上貨運火車到台南，開啟影響他一生的建築大門。

儘管抱持著滿滿對建築的熱情與抱負，但在那個資源貧脊的年代，建築僅被視為工程的一環，建築系學生習得的知識與眼界，極其有限。成大建築系圖書館每個月的零星雜誌，或是偶爾留學系友

打穩基本功

成大畢業後，潘冀（站立者）申請到美國念研究所，他選擇提供全額獎學金的萊斯大學，但學校認為成大課程偏向工程，要求他從大學四年級念起。在萊斯大學讀書那段期間，他大量閱讀人文典籍，影響他日後成為富含人文素養的建築師。

返校的演講，已經是當時建築系學生最重要的養分。

為了開拓視野，未來在職涯上有更好的發展，出國留學成了當時學子突破環境限制的盼望。

不過，出國留學除了個人努力，更需要家裡的鼎力支持。除了昂貴的飛機票，留學保證金更高達兩千四百美元，相當於他父親近三年多的薪水。

> 沒有什麼苦，是不能咬緊牙根撐過去的。

潘冀申請好幾間美國的建築研究所，最後選擇提供全額獎學金的美國德州休士頓市萊斯大學，但學校認為成大的課程偏向工程，「要成為優秀的建築師，必須擁有多一點人文素養，」因此要求潘冀從大學四年級念起。但美國大學建築系要念五年，他相當於多讀兩年大學。

儘管同時錄取其他研究所，但潘冀渴望培養建築整體概念，仍選擇退一步，從學士開始念起。有些人認為這個選擇不夠聰明，但他心中清楚自己為何這麼做。

重修建築學士的這兩年，他念了心理學、社會學、邏輯學、藝術史、美國史等，從觀察人的需求、如何用建築解決社會問題、訓練思維，到藝術、歷史知識，老師更每週要求他們讀十幾本書。這些都影響他日後成為富含人文素養的建築師，並實踐在畢生職涯與生活之上。

初來乍到的潘冀，除了適應全英語環境、文化衝擊，以及應付吃重的課業，暑期也必須到事務所工讀，負擔自己的生活花費。許多日子，往往結束事務所一天繁忙的工作後，返校上課至晚上十點，才能回家弄點簡單的食物吃。週末還得抽出時間做家務，閱讀老師開出的書單。

沒有什麼苦，不能撐過去

節奏極度緊湊的這兩年，不僅考驗潘冀的體力，也考驗著即時調適力、學習力等。中途他也曾覺得熬不下去了，一度想放棄，最後仍選擇咬緊牙根。

「這兩年的震撼教育，讓我有不一樣的思維，整個人也開闊起來，」潘冀從那時起即有深刻的體悟，「沒有什麼苦，是不能咬緊牙根撐過去的。」

他身為班上唯一華人，逼自己埋首學業、快速融入美國生活，這也有助日後他進入美國三大建築師事務所工作，更了解美國文化、理解美國人思維，進而清楚如何表達想法，並與夥伴、下屬有效地溝通與合作。

潘冀深刻記得起初的設計課報告：「我上台報告，就說『我準備得還不夠，請大家原諒。』但老師劈頭就回我：『你還沒準備好，為什麼要上台？』」東方文化的自謙之詞，在西方文化中卻像是疏於準備，課堂與生活種種文化差異，衝擊著年少潘冀曾習以為常的思考模式。

二十二歲的潘冀到美國後，長達七年不曾回台灣，連打通長途電話或寫信都是奢侈，只能仰賴便宜的郵簡，但郵簡來回一趟長達數月。

「那時出國都是生離死別，」潘冀回憶留學時的艱辛往事。

異鄉生活的點點滴滴都在磨練他，讓他從課堂上的羞澀年輕學子，變成克服文化與知識差距的建築專業者，在高門檻的建築界獨當一面。

走不一樣的路

一九八一年潘冀成立事務所，他堅持以理想性與專業性開業，賭自己的設計理念能否在不看重這些要素的台灣，存活下去。最終，他靠著溝通與讓業主信賴的能力，帶領事務所走出不一樣的路。

潘冀從萊斯大學畢業後，順利申請上紐約的哥倫比亞大學建築與都市設計研究所，並在短短九個月內念完，相當於赴美三年內取得碩士學位，補足前面重念學士的時間差。

畢業後，潘冀在美國就業，他正式踏入職場的第一間建築事務所，是菲利浦・強生與理察・福斯特建築師事務所（Philip Johnson

從人出發

比起凸顯個人主義的設計風格，潘冀（左）主張細緻地觀照建築裡的人。不管是設計公共建築或高科技廠房，他都強調與人、環境的調和，他的設計備受肯定，一九九四年，即榮獲國際建築界桂冠之一的美國建築師協會院士。

and Richard Foster），主持人是獲得首屆「普立茲克建築獎」的菲利浦・強生。在此扎根一年半後，他轉入知名的戴維斯・布洛迪聯合建築師事務所（Davis Brody and Associates ）。

在不同的建築師事務所工作，經手類型迥異的案子，也悄悄奠立了他心目中建築從業者的理想樣貌。

菲利浦・強生的建築師事務所，專門設計最講究、最華貴的建築，基本上設計無預算上限；戴維斯・布洛迪聯合建築師事務所，則是用建築關懷社會。

> 我們可以藉著專業盡自己的力，有機會的話，進一步改變環境、社會。

戴維斯・布洛迪聯合建築師事務所曾經承接紐約哈林區Riverbend的國宅社區。公共住宅預算有限，但他們仍然盡力以設計降低造價，把省下來的費用回饋到公共設施與環境上，提升居住品質。

在紐約的經濟落後地區，這類新建築常遭人破壞，維護不易。然而Riverbend全體居民都認同他們的社區，還自發地組織巡守隊。

「雕梁畫棟去做非常精緻的建築，只有少數特殊分子才享受得到，」潘冀深受觸動：「但是強調社會關懷、資源不足的案子，如果能透過設計做到最好，可以影響很多人。」

儘管潘冀未參與該案，仍在旁見證：「設計可以改變社會。」潘冀以他一貫不疾不徐但堅定的語調說著，雖簡短卻有力。短短幾個字，成了潘冀長達一生堅持與實踐的理念。

回台執業，堅守專業原則

讀書、就業、結婚、生子，潘冀在美國一待就是十二年。他不僅在三大具代表性的建築師事務所工作，更帶領團隊、主持六千人宿舍的大案子，連連升遷。

在職涯前景一片光明時，一個邀請，意外改變了潘冀一家的人生藍圖。

聚力傳承

事務所成立屆滿二十週年時，調整經營模式，更名為「潘冀聯合建築師事務所」，設有多位主持人與管理人。潘冀（中）期望聯合眾人之力，代代傳承所有員工經年積累的經驗。

一九七五年，潘冀受邀參與中正紀念堂公開競圖的合作設計，儘管獲得第一名卻因為決策因素而落選。本來潘冀夫婦要返回美國工作，但在諸多考量下，他們決心提早回國服務。關鍵考量之一是，已高度發展的美國並不缺乏像他們這樣的角色，但台灣需要。

「我們有幸接收到很多資源，總希望把自己所知道、所看到的，回饋給我們的故鄉，」潘冀夫婦將心中的感謝化為回台工作的決定，而這個決定在當年並不容易。

回台沒幾年，潘冀毅然決然自行開設「潘冀建築師事務所」。開業是許多建築師累積一定資歷後的選擇，但潘冀不太相同，他其實是賭上一把，賭自己對設計理念、專業原則的堅持，能否在不看重這些要素的台灣，存活下去。

當時台灣建築產業，普遍存在靠關係、收回扣、幫建商免費打草圖等現象，這家拒絕時下做法的事務所，能否在這個充滿挑戰的環境中生存下來？一向沉著堅定的潘冀也不免緊張，「會不會沒有業務上門？」

強調與人、環境的調和

靠著溝通與讓業主信賴的能力、吸收新知的勤學、具國際視野等特質，潘冀帶領事務所逐漸走出不一樣，也不容易的路。

「你雖然不是業主的同行，但聽得懂他說的話，可信賴，也有處理事情、克服問題與學習的能力，」潘冀認為，事務所掌握了這幾項條件，因此得以跟許多走在時代尖端的業主溝通，並設計跨領域的多元建築。

潘冀從小案子開始做起，後來才跨足讓事務所聞名的高科技產業。靠著口碑創造聲量，而非大部分事務所仰賴的競圖，業務終於蒸蒸日上。

然而回到起初，取得高科技案子並非一蹴可幾。

總造價只有兩百萬元的科學園區大門成了關鍵敲門磚，品質好又符合需求，高科技業者陸續找上門來，包含新竹科學園區近三分之一的科技廠辦、台積電等頂尖大廠，都委由潘冀團隊設計廠房與總部。

觀照建築裡的人

潘冀團隊設計的建築，始終強調與人、與環境的調和。

早在一九八〇年代初，事務所設計中原大學張靜愚紀念圖書館時，便極具先驅性地採用綠建築概念，在主建築外牆增設保溫空氣層，排出熱空氣，引進新鮮空氣，創造舒適的通風環境，並採自然光，減少能源耗用，備受各種獎項肯定。

連高科技廠房，潘冀團隊也堅持這樣的原則。

台積十二廠暨總部大樓就是極具代表性的作品。在符合高科技產業快速建廠所需之外，事務所同時強調生態、生活、生產，以水景、步道、退縮綠化帶等設計，打造生態廠房，徹底翻轉高科技的冰冷感。

「即使是生產事業，一棟房子裡可能有上千人在工作，他除了在座位上低頭做事，還有很多生活需要、對環境的感受，在設計的時候，要用這些面向去替使用者著想，這個建築才是人性化的建築，」比起凸顯事務所自己的設計風格，潘冀主張細緻地觀照建築裡的人。

「建築在社會與城市中扮演重要的角色，而且對人的影響非常大。建築裡住的是人，使用的是人，也影響周邊的人。我們學建築的要有這樣的使命，我們要為人而做，」將一生投注在建築界的潘

代管經營者

潘冀認為自己只是上帝的代管經營者，不獨占所有成就，這種無私純粹，吸引許多專業人才一起打拚。在透天厝改造而成的辦公室裡，兩百多位不同世代的建築人齊聚，腦力激盪設計、討論新的工法與材料，持續勾勒台灣建築的未來。

冀強調，建築設計本於人。

潘冀帶領的事務所締造多項成就，但早在四十多年前，甫決心自行開業的潘冀卻思考著另一種可能：成立聯合建築師事務所。

聯合經營，不強調個人主義

「我當年開業時，希望有一天可以有很多夥伴一起共事，」潘冀回憶。早期因為法規要求，他僅能在事務所英文名上加注

虔敬之心

儘管國內外獲獎無數，專業備受肯定，在建築面前，潘冀（左二）始終自覺渺小。直到現今，他仍積極參與事務所運作，以及每個設計案的腦力激盪討論，抱持虔敬態度面對建築本身。

「Partners」，但在二〇〇〇年，事務所成立將屆滿二十週年，調整為聯合主持型態，並更名為「潘冀聯合建築師事務所」，設有多位主持人與管理人。

潘冀甚至一度想拿掉事務所名稱上的「潘冀」兩字，透露他的毫不居功，在強調個人品牌的建築界更是少見。此外，他觀察，許多優秀建築師過世或淡出，形同帶走累積不易的知識、資料與經驗，於是他期望藉由永續經營的模式，延續事務所所有員工經年積累的經驗，一代傳承一代，幫台灣建築走向更好的未來。

如今，潘冀聯合建築師事務所有兩百多位員工，包含設計、監造、管理、預算管理等人才，不乏年資已達數十年者，是全國規模最大的建築師事務所，跨足科技、醫療、學校、教堂等公、私部門建設，將建築理念擴及不同領域，影響台灣現代建築發展。

上帝的代管經營者

潘冀運用團隊力量，在個人的有限生命中實現更多成就，這份不強調個人主義的精神，其實源自他的基督教信仰。

幼時受洗的潘冀，將自己定義為上帝的代管經營者。事業成功，他認為是上帝賦予他學養與能力，交付他責任管理事務所。潘冀說明代管的意涵：「當老闆的人，可能會認為事業的成就都來自自己的貢獻，但其實並非如此。」若秉持「成就都是自己的」，容易淪為「愛怎麼做就怎麼做」的霸道態度，不利於企業永續經營；去除私心，比較容易相互認同、同心做事。

除去私心後的純粹，更吸引眾多傑出建築人一同打拚。在透天厝改造而成的辦公室裡，不同世代的建築人齊聚，腦力激盪設計、討論新的工法與材料，持續勾勒台灣建築的未來。

「我們可以藉著專業盡自己的力，有機會的話進一步改變環境、社會，」這是潘冀從二十多歲踏入建築界、三十多歲成立建築師事務所，到現今年過八旬仍堅持的重要信念。因此，事務所不只服務大型專案，也曾經接了許多偏鄉醫院、宗教單位等資源有限的案子。

事務所共同主持人蘇重威曾撰文描寫潘冀：「如同日月星辰之於海上行舟，一旦定位，航行者就能有所依循地向目標前進。」潘冀帶領團隊，為事務所訂下了一代又一代可以依循的座標。

建築設計本於人，也須友善環境

放下美國的大好機會，投入台灣建築界，潘冀除了樹立專業理念，也關注產業及體制的進步。回顧過去幾十年的發展，潘冀認為，台灣在建築設計上有些進步，但體制卻沒有太大進步。

像是為了防弊定出的《採購法》，甚至是退步的。另外，台灣建築教育仍然缺乏人文素養的培育，學界與實務也斷鉤，像是建築系教授不能兼任建築師，是世界各國少有的規定；又譬如比圖，國內外建築師設計費存有差異與評選制度，都有待優化。

建築師考試更是在潘冀與建築界夥伴長年倡議之下，終於有點改革。二〇〇八年新版建築師考試規則出爐，計算與背誦項目減少，更強調觀念理解，實施後的錄取率從往年平均的五%上升到一〇%以上。

「原先的考試制度毀掉很多優秀的人才，他們都在這個關卡卡住，」潘冀認為，建築應該採專業分工，建築師必須懂觀念，專業計算則交由專業技師。舊版的考試方向，容易讓擅於考試但缺乏實

志於道游於藝

相信建築對城市、國家及文化的影響巨大，潘冀除了以作品及事務所樹立專業理念，也積極倡議，推動產業及體制的進步，為台灣建築界留下標竿。

務經驗者考取執照，具有優秀實務能力的人卻反而考不上。

「建築對城市發展、對國家形象的影響都非常大，更是文化很重要的一環，為什麼只把它當作生產工具？」潘冀提問，並強調政府應該從人性的角度思考、推動相關制度的優化，才能讓建築更進一步改變我們的社會。

以虔敬態度面對建築設計

投入台灣建築界近五十載歲月，潘冀說到建築改革，仍擁有年輕時的滿腔熱血，但同時又抱持虔敬態度面對建築本身。

「建築物的類型千百種，我們怎麼可能在有生之年，什麼都懂？什麼都會做？不可能的，」潘冀說。

儘管國內外獲獎無數，專業備受肯定，在建築面前，潘冀始終自覺渺小。也是這份虔敬，帶領他一次次追尋自己和建築上的各式突破。直到現今，他仍積極參與事務所運作與每個設計案的腦力激盪討論。

「建築的存在是為了人，」潘冀強調，但他也深深認知建築對環境存有一定程度的破壞。如何讓建築既服務使用者，也能尊重自然、環境，並添加設計美學，達到絕佳融合？就如《論語》〈述而〉篇所載：「志於道，據於德，依於仁，游於藝」，潘冀用刻滿建築印記的一生追尋。

撰文／陳芛薇．攝影／黃鼎翔．圖片提供／潘冀聯合建築師事務所

潘冀：保持好奇心跟觀察力，就不會有太難的事情

我一直告訴年輕人，要保持好奇心和觀察力，這兩點，是讓我們可以不斷成長，而且擁有正確判斷事情的能力。

人常常對新事物感到恐懼，甚至排斥，卻因此失去許多機會，若是抱持好奇心，則會發現一些有趣與可學習的東西，持續保有接觸新事物的樂趣。

一般會說，做創意的人需要觀察力，其實不完全正確，做每件事都需要觀察力。

觀察力幫你判斷，什麼事物是好的？什麼事物是不好的？什麼東西美？什麼東西看起來醜？你也要學習怎麼判斷：它好在哪裡，為什麼你覺得好？下次要做的時候，如何也可以做得好。相反地，假如你覺得他的作品很差或很醜，也要觀察：為什麼醜？為什麼做得很差？我做的時候，如何避免這些問題？

一輩子都要保持好奇心和觀察力，因為好奇心讓你隨時發現可以學習的新事物，觀察力讓你學習如何判斷。當你具備這兩個條件，其實就不會有太難的事情。

務實創新

何壽川 永豐餘集團二代創辦人

讓工業與環境永續共生

從造紙起家，到如今成為橫跨科技、金融、生技等產業的大集團，
何壽川帶著務實與永續的心，
堅守本業之際，仍能跳脫框架，
引領團隊不斷跨越、創新。

身為永豐餘集團二代創辦人，何壽川是許多人眼中的世家二代，但在他長達五十多年的工作經歷中，讓他如數家珍的不是那些光鮮亮麗的成功，而是一步一腳印留下的軌跡，就像是牽著田犛、刨開土地表面、翻出深層泥土，每一步耕劃痕跡，都為土地留下適合種植的肥沃土壤。

正因如此，永豐餘從農業廢棄物起家，以纖維素為本，從醣出發，多年來跨足不同領域，包括：科技、生技、能源、材料、金融、循環經濟等，卻始終都與土地深切連結。

五十年來，何壽川不忘初心，始終堅信「道不孤必有鄰」，只要走在正確的路上，自然會找到志同道合的夥伴。

傳承家族傳統

何壽川一九四五年於戰爭時出生在台中，但他是台南人，何家是百年前落腳台南的家族。他說：「我的老家在台南安平，是父親賺錢後幫祖父買的房子，三十多坪大，有一半是前庭，後面是兩層樓的樓房，我還記得那時安平街道都是石板路，四百年歷史的石板，都是安平人的生活故事。」

小學念永福國小，初中讀台南一中，高中時從台南到台北建國中學求學的何壽川，大學聯考填志願時，除了兩個台灣大學的科系，第三個志願就是老家的成功大學機械系。

選擇成大、選擇機械系，也因為這是另一種「家族傳統」。他笑說：「我們家族兄弟及公司主管都念工科，其中好幾個念成大機械系。那時候，機械系要修熱力學、流體力學，很多是鍋爐熱轉換的基礎科學，感覺機械系像是無所不能。」

談起在成大求學的歲月，何壽川忍不住滿滿的笑意。

回想在學校念書、考試的日子，當時他修課的考試，幾乎都可以open book，常常是晚上六點半開始考到半夜，老師就在旁邊陪考；有時老師走出教室，也不會有人作弊，因為所有人都知道，老

堅毅務實

何壽川（右）師承成大機械系教授馬承久（左），而馬教授送給同學們的畢業叮嚀「Engineer is always near engine.」所強調的務實精神，也讓何壽川一生受用。後來，當他有機會參與大型工程、看到台灣許多公共工程建設發生狀況，對「Near Engine」的體悟也更加深刻。圖為二〇一一年十月，何壽川與高齡九十六歲的恩師馬承久會面，笑談當年往事。

師要看的是考卷上作答的來龍去脈，判斷學生學到了哪些、哪些還沒學會。

這樣的訓練過程，傳遞的概念是：「學會」比「分數」更重要。也因此，何壽川在四年大學生涯中奠定扎實的底子。

記得Near Engine的叮嚀

對何壽川而言，在成大學到的，除了扎實的知識，還有從工程

事必躬親

從工程專業出發的務實精神，造就何壽川（中）日後在職場上凡事親力親為的態度。從一九六九年到一九八七年，在他的帶領下，永豐餘造紙生產製造能力快速提升，建立起強大的機械工程團隊實力，奠定永豐餘開拓海外市場的基礎。圖為何壽川與久堂廠同仁討論回收漿油墨分散技術。

專業出發的務實精神。

與許多成大機械系畢業生一樣，何壽川也是馬承久教授的學生。馬教授送給同學的畢業叮嚀「Engineer is always near engine.」強調務實精神，強調必須務實地研究、設計、驗證，才能確保工程安全。所以，當何壽川後來有機會參與大型工程、看到台灣許多公共工程建設發生狀況，對「Near Engine」也有更深一層的體悟。

除此之外，成大時期的經歷，也影響了何壽川的事業發展。

當時修習的熱力學第二定律「Entropy熵」，影響了何壽川後來對於環保節能的看法，也因此，他在永豐餘廠區大力推動汽電共生，讓永豐餘成為台灣最早啟動汽電共生與再生能源的企業。

道不孤，必有鄰。只要走在正確的道路上，自然會找到志同道合的夥伴。

在何壽川身上看到的，不只是工程專業；透過對知識學習的融會貫通，讓他有能力在更大格局面前，做出身體力行的實際變革。

務實的軌跡都會留下價值

就像何壽川所說，自己是「要回到土地上工作的人」。一九六九年，他從美國留學返台，第二天就到永豐餘台東廠報到；長達五年多時間，他以台東廠為家，全程參與建設導入生產、發電、製程工作。

當時，何壽川不只負責台東廠，還同時來往高雄久堂廠生產設備建置作業，台東、高雄兩地開車當天往返是常有的事。

一方面自己全心投入，一方面也爰引外力。何壽川邀請成大機械系教授陳春錦協助，透過設計、開發、導入各式造紙機械設備，做好基礎的工程、繪圖設計人才培育，成為後續永豐餘工務擴張的基礎。

> 我是要回到土地上工作的人。

一九六九年到一九八七年，在何壽川親力親為帶領下，永豐餘造紙生產製程能力快速提升，強大的機械工程團隊實力也奠定了之後永豐餘以技術優勢、生產實力開拓海外市場的重要支點。

打造技術創新基地

除了生產設備實力的建立，何壽川另一項任務，是將銅版紙原料徹底在地化，將造紙用水從酸性改為中性上膠。為此，他設立申豐化工，負責處理塗料、碳酸鈣、乳膠等材料，再加上自行設計造紙機器設備，培養核心經營技術，並進一步降低設備成本，讓永豐餘得以製造出更具競爭力的紙張。

這項任務的成功，也是永豐餘在七、八〇年代南向整廠輸出的重要關鍵。

何壽川在久堂廠投入的心力，讓久堂廠成為永豐餘創新造紙技術基地，他說：「塗佈工藝是久堂廠的核心價值，全台灣只有久堂廠能把特殊紙當作主業，其中包括銅版紙與格拉新紙。」

格拉新紙的特性，是紙纖維在微濕下重新結構，讓紙張在均質下變透明；其中，新塗料與壓光技術是兩大挑戰，但久堂廠成功克服技術困難，成為世界數一數二的格拉新紙生產廠商，供應全球標

創新開發

何壽川帶領永豐餘在造紙產業寫下紀錄，例如：一九五五年用蔗渣成功研發生產打字紙、一九六〇年推出台灣自產銅版紙、一九七四年生產背膠郵票紙、一九八〇年研發台灣第一張抽取式衛生紙。圖為一九七五年由何壽川督導、中華彩色承印的「故宮名畫三百種」，以及一九八〇年發行的十大建設背膠郵票。

籤產業用紙。

在事業有成之際，何壽川也不忘傳承分享。他在一九八〇年成立造紙研究所、一九八三年擔任文化大學造紙印刷研究所所長，持續在造紙技術與生產技術突破，也奠定了永豐餘在造紙行業的關鍵地位。

首開南向整廠輸出先河

一九七六年，永豐餘與中華紙漿攜手前進印尼市場，希望建立林場、漿廠、紙廠一條龍的造紙垂直產業鏈，在那個國際投資仍有許多限制的時代，以整廠輸出方式轉投資印尼永吉紙業，創下台灣在東南亞市場首項新南向整廠輸出的先例。

何壽川的腳步不曾方歇。

一九八一年，他接著建立印尼首座漿廠，完成林、漿、紙一貫垂直產業鏈。

造漿設備整廠輸出計畫隨造紙投資是何壽川一手主推，從設備規劃設計、原物料採購、軟硬體整合、專業技術指導，以及系統整合等，前後總共裝載數百箱設備與相關資料，從花蓮港上船運至印尼蘇門答臘，逐一完成機器設備安裝部署。

這一整套漿廠整廠輸出計畫耗時兩年，在蘇門答臘佩拉望的永吉紙漿廠完工量產，漂白木漿年產量高達十萬噸，成為印尼第一座紙漿廠，也是當時印尼最大投資項目，時任印尼總統蘇哈托更親自到場主持開幕儀式，可見這項計畫對印尼產業發展的重要性。

何壽川的印尼經驗，持續發揮影響力。

因著永豐餘在印尼的投資打響了名號，具有泰國皇室背景的泰

大膽前進

何壽川（右三）在帶領永豐餘開拓外銷市場的過程中，看見印尼市場的發展潛力，便從一九七六年起，與中華紙漿攜手前進印尼市場，用八年時間建立起林場、漿廠、紙廠一條龍的造紙垂直產業鏈，以整廠輸出的方式轉投資印尼永吉紙業，成功擴展海外市場。圖為一九八三年何壽川與時任中華紙漿董事長李家騆（中）至印尼廠視察，右一為廠長陳錫豫，他是成大機械系第一屆畢業生。

國暹羅水泥集團（Siam Cement Group）找上了何壽川，希望借重永豐餘曾用蔗渣做為造紙原料的經驗，改善他們的非木製漿流程。

一九八四年，何壽川寫下另一個整廠輸出設備的實例。

那年，永豐餘與暹羅水泥集團合資成立泰國紙業公司（Thai Paper Co., Ltd.），生產銅版紙原紙及塗佈機，切入泰國印刷雜誌用銅版紙的生產，也是我國進出口輸出入銀行首宗整廠融資案，生產的紙張更成為唯一榮獲泰國國家標準（TISI）的文化用紙，成功協

促進共生

何壽川（中）是經營者，更是現場經驗豐富的技術專家，不僅讓永豐餘的非木造紙技術在泰國落地生根，更在二〇一三年開發出獨家專利的nPulP秸稈生物漿生產技術，大幅改善工業與環境的共生關係。

助泰國創建造紙產業。

一九八六年，是永豐餘擴大投資的一年。

為迎接全球紙業競爭，建立國際化競爭優勢，何壽川推動「鴻圖百億計畫」，大舉投資工業用紙及白紙系列量產的規模化，奠定九〇年代的產業規模。

成為造紙業西進先鋒

一九九〇年兩岸開放互通後，何壽川於一九九二年進軍中國大陸，成為國內造紙業西進的先鋒，分別在華東、華南、華北設立包裝紙箱廠。

一九九五年，永豐餘消費品進入上海市場，隨後投資廣東鼎豐紙業、設置揚州廠百萬噸全循環紙廠。何壽川一邊因應大陸招商引資政策，一邊複製台灣成功模式，在大陸設立林漿紙一貫紙廠，含電子紙及無線射頻等，共二十個廠。

> 產業經濟的發展，應該受到環境制約。

二十年後，二〇一三年，何壽川帶著團隊在大陸開發出獨家專利的nPulP秸稈生物漿技術，利用秸稈不得在田間焚燒，必須資源化的需求，以生物製程生產。

nPulp被電子業認定為首創的綠色包裝，成為繼木片製漿、回收紙製漿外的第三種生物再生漿的來源，也為永豐餘贏得美國「愛迪生獎」（Edison Awards）。

開啟多角化經營模式

在何壽川的事業版圖上，在集團的發展策略中，金融業是另一個相當被看重，深具前景的跨域行業，並且一手催生了永豐金控。

永豐金控的前身，是「台北區合會儲蓄公司」，是戰後首家民營銀行，將民間「標會」的基層金融浮上檯面，專門處理零存整付的工作。

一九七八年，台北區合會儲蓄公司改制成台北區中小企業銀行，是台灣最早的中小企銀；到了一九九二年，聚合的金融服務更為完整，轉型為台北國際商業銀行；再之後，於二〇〇五年又與建華金控合併，組成永豐金控。

此後，何壽川陸續以數位銀行解決方案、開放平台、拓展海內外數位金融服務等措施，將永豐金控從基層金融蛻變為現代化金融，成為台灣四大民營金控之一。

從紙業到金融業，何壽川吹起多角化的號角，但在一九九二年，他提出了一個大膽的想法，跌破眾人眼鏡。

永豐餘從造紙起家，何壽川卻發出豪語，聲言「要革紙的命」，宣示跨足數位化電子紙。

「看起來很大膽，但其實都與知識有關。因為那時實體紙不像過去維持兩位數成長，而是愈來愈貼近GDP（國民生產毛額）成長幅度，代表實體紙已然進入成熟高原期，」何壽川說明。

在何壽川主導下創立的元太科技，是當時台灣第一家TFT-LCD公司；但他很快就發現，TFT-LCD非常耗能，這與他長期思考永續共生的理念顯然方向相悖，於是他更積極尋找具有永續節能特性的技術。

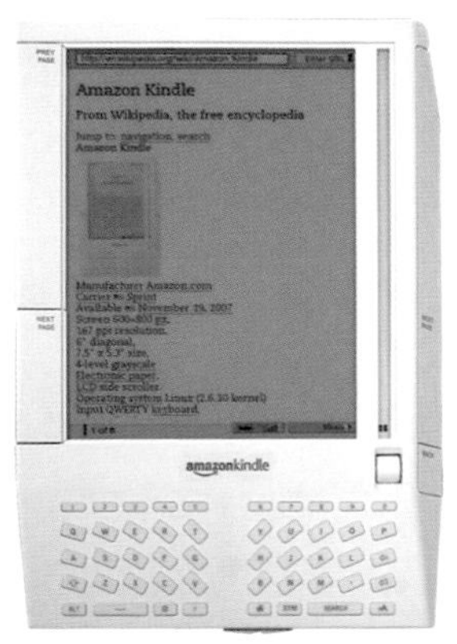

自我革命

從造紙起家，何壽川卻說「要革紙的命」。他不斷擴大電子紙的適用場域，從平面電子紙到可撓式電子紙，從電子閱讀器到航空行李標籤、貨架標籤。這些創新應用，改寫了閱讀與出版模式，也發揮跨域影響力，擴大布局醫療照護、交通領域，積極拓展智慧物流市場，為未來開創更多可能。

答案，在一九九七年出現。

當時，麻省理工學院（MIT）多媒體實驗室開發出電子紙技術，從而衍生新創公司E Ink。何壽川相信，他找到了實現造紙行業永續節能的關鍵拼圖。

談起E Ink在電子紙技術的深厚基礎，何壽川言談中滿是激賞：「E Ink在波士頓的團隊，幾乎囊括了全球長期在Graphic Art領域鑽研的科學家，累積了超過七千項技術專利。」

然而，只有技術，不足以支撐起電子紙成功發展的商業模式，何壽川認為，還需要有產量和內容，三者缺一不可。

開啟電子紙多元應用

二〇〇九年金融次貸風暴下，E Ink被迫出售，而何壽川看中E Ink團隊的生命力與創新力，因此掌握時機併購，讓元太成為全球首家同時整合電子紙上、下游的廠商。

果然，接收當年，元太的技術就使亞馬遜Kindle電子書上市大賣；二〇一〇年，元太更趁勢推出E Ink Pearl黑白與璀璨彩色電子紙顯示器，開啟電子紙發展元年，從此全球出版業正式進入數位出版的新時代。

電子紙具有雙穩態的特性，使它耗能極少且又護眼，可望取代原有書本印刷、筆記記載，改變整體出版生態。

因應這樣的趨勢，元太從二〇一三年起，開始進軍各類應用場景，發展出交通運輸看板、物流標籤、交通運輸看板、航空行李標籤、貨架標籤，成為全球百貨上架的數位化標準，徹底改寫倉庫管理流程。

二〇二一年，無接觸商機崛起，電子書閱讀器和電子貨架標籤需求都出現爆炸成長，元太也走出閱讀場域，擴大布局醫療照護、交通領域，積極拓展智慧物流市場。

從實體紙到電子紙，牽涉色彩學、材料學、光學等多領域的技術創新，而跨域合作的環保節能綜效已陸續實現。

從紙轉型到電子紙這一條路，何壽川明知辛苦難行，但仍堅持到底，一走就是三十年。如今，開花結果，節能新顯示器誕生，從紙到電子紙，是何壽川一生創業的傳奇。

回饋母校 培育人才

一九九〇年，何壽川成為艾森豪獎金得主，二〇一〇年又擔任艾森豪基金會總會董事至今，同年也獲得母校美國威斯康辛大學工學院傑出校友獎、二〇一一年獲成大傑出校友獎。

在贏得榮耀之際，何壽川也不忘提攜後進。他直言，成大畢業生不僅是永豐餘用人第一首選，他更將企業領域相關的電子紙、紙類材料科學、金融科技等項目，與成大產學合作，包括：「成大C-Hub創意基地」，以及成大未來館的「未來智慧工場」（Atelier Future）。

二〇一四年，成大C-Hub成立，何壽川引進永豐餘旗下各子公司材料資源，在建築系既有材料與工法上產學交流。

他所採取的做法，包括：元太電子紙，應用於藝術與室內設計；永豐餘工業用紙以回收紙為原料，打造Spiral螺旋紙書櫃、紙桌等家具；華紙製程以餘料的底灰，開發出無水泥混凝土

感恩回饋

何壽川（右）常說，成大畢業生是永豐餘用人第一首選，而旗下企業也常與成大產學合作，如：「成大C-Hub創意基地」、成大未來館的「未來智慧工場」，而他自己也在二〇一六年獲贈「成大C-Hub創意基地」榮譽校長證書。圖為二〇一九年何壽川與成大校長蘇慧貞（左）出席成大未來館開幕。

（Concrete without cement）新建材，讓學弟妹們設計出公共桌、稻麥桿餘料nPulp材質等教室家具，展示節能減碳、循環再利用的綠色趨勢。

種種無私付出，讓何壽川在二〇一六年獲贈「成大C-Hub創意基地」榮譽校長證書。

二〇一七年，何壽川帶著永豐金控、銀行、證券，開始了與成大跨多個院所以數位化AI為主軸的創新合作。二〇一九年，成大未來館「未來智慧工場」在成大K館設立，成為成大的人文與科技薈萃新核心。

「K館」其實是成大的舊圖書館，承載了成大人的記憶，也是學習的場域，如今搖身一變成為「未來館」，更是在知識的基礎上，變作成大學生們勇敢創新的場域，讓所有師生能把夢想真正落實在這塊土地上，所有好的創新想法都可以在那裡集資、實驗，乃至創業。

「所有共同經驗跟學習的師生也會在這樣的價值下，共同體驗不同的未來，一起挑戰，一起成功，」何壽川欣慰地說。

倡議醣經濟復興

五十多年的紙業經驗，何壽川總認為，產業經濟的發展，應該受到環境制約。

二〇二一年，永豐餘得到全球首家紙業BS 8001認證殊榮，證實通過循環經濟查核。與此同時，何壽川看到，COP21（聯合國

《氣候變化綱要公約》第二十一屆締約國大會）、COP26、COP27陸續召開，全球不斷呼籲節能淨零，因此，他決定和中研院前院長翁啟惠攜手，倡議醣經濟及其平台對今後產業的重要性，並推動永豐餘全面進入再生能源之創能、土壤碳匯的台灣新農業，以及醣科學材料的研發新方向。

「失敗之所以珍貴，在於學習過程當中，
你會學到，如何避免下一次再重蹈覆轍。

事實上，在何壽川的帶領下，永豐餘集團很早之前就已開始啟動轉型升級，落實永續創新的理念，以零廢棄製程為使命，發展出農業循環、紙循環、水循環、再生能源循環，以及碳循環的五大全循環。

堅持創新，始終如一

二〇二一年，何壽川的理念更進一步落實了。

以醣經濟為核心的「永豐餘學院」（YFY Academy）誕生，設定的目標，是以低碳、低耗能、以醣代塑為目標，建立一個科學、技術和產業共榮共好的平台，致力於能源、材料和數位三大領域的研究開發與創新。

透過這個平台，何壽川希望，串聯跨國、跨學院、跨系所、跨實驗室等的專業人才，走入新的醣科學領域。

他進一步提到：「從COP 21會議提出有機土壤千分之四的倡議、COP 26『Wood for Good』、COP 27預先召開的會前會提出以韌性農業（resilient agriculture）做為淨零中和的宣示，足見農林業各式碳匯是最有效吸收過量二氧化碳的解方，也證實台灣擁有的巨

以永續環境為念

從造紙到電子紙再到金融控股，從傳產到科技業、金融業，何壽川（前排中）始終相信，產業經濟的發展應該受到環境制約。於是，二〇二二年，他正式倡議「農業醣經濟」，目標是以此重新建構新農業，同時啟動全新的醣科學材料研發，為永續環境盡一份力。圖為二〇二二年永豐餘學院農業醣經濟論壇。

大碳匯潛力將有助淨零排放。」

從造紙到電子紙再到金融控股，從傳產到科技業、金融業，當時間來到二〇二二年，何壽川正式倡議「農業醣經濟」，目標是以此重新建構新農業，同時啟動全新的醣科學材料研發。

在過去幾十年間，在每一個時代的轉折點上，何壽川總是不斷致力於迎接新趨勢與文化的啟蒙，跳脫以單一領域技術為座標的思考框架，帶領永豐餘集團持續跨越、創新。

撰文／倪可誠．攝影／黃鼎翔．圖片提供／永豐餘集團

何壽川：多談失敗，避免重蹈覆轍

「失敗」的珍貴之處，在於學習的過程中，你會學習到如何避免下一次再重蹈覆轍。

工作五十多年，我的體會是「成功的經驗，很少被複製」，但「失敗的原因，經常是重覆的」。所以，我希望鼓勵成大事業有成的學長姊們，多分享失敗經驗中不可再犯的失誤給學弟妹。

盡其在我

傅模英 美國亞培藥廠首席科學家

兒童健康的促進者

總是心懷社會、助人不求回報，
傅模英奉獻專業與熱忱，
更在實踐的路上，
逐漸成為自己理想的模樣。

「醫生，請幫我看看寶寶怎麼了，他一直哭個不停，好像很難受，但我不知道他究竟哪裡不舒服……」一對夫婦紅著眼眶，抱著九個月大的嬰兒跑進診間，無助地望著醫生說。過去，面對無法述說症狀的嬰兒，醫生只能依經驗法則判斷，以抗生素投治，然而當時市面上眾多類型的抗生素，每種只能針對少數幾種細菌作用。

當開藥無法對症，醫生只能換另一種試試看，但在嘗試錯誤的過程中，往往錯過了孩子的黃金治療期。

直到八〇年代，科學家發明克拉黴素（Clarithromycin，商品名為Biaxin），才突破這個困境。

克拉黴素能夠治療急性中耳炎、皮膚感染、呼吸道感染、鏈球菌性喉炎、肺炎，甚至幽門螺旋桿菌感染導致的胃潰瘍，幾乎涵蓋所有常見的病症，讓醫生診療生病的嬰幼兒時，開「無效藥」的機率大幅減少，也讓克拉黴素上市後迅速成為最受兒科醫生青睞的藥物，市占率遙遙領先，還由世界衛生組織列入基本藥物標準清單，成為基礎衛生系統最需要的藥物之一。

這項藥物之所以能順利問世，時任亞培藥廠首席科學家的傅模英，可說是最重要的幕後功臣。

成功並非偶然

「一項藥物要成功，靠的是天時地利人和，我也是運氣不錯，」傅模英謙虛地說。

事實上，總是一頭俐落短髮，洋溢開朗笑容的她，所獲得的成

隨遇而安

因為崇拜居禮夫人被同學視為理科學神的傅模英，聯考填了三所學校的化學系，最後落腳成大。父母心疼她考試失常，她卻覺得成大的溫暖低調反而適合她。

功並非偶然。

三十多年來，傅模英發表一百五十餘篇科學論文，累積了二十三項美國和國際生物科技專利，並在一九九二年獲得「亞培專業論文總裁獎」，備受業界景仰；離開亞培後，轉進商業界，她的

Advangene Consumables公司在二〇〇九年獲得美國中小企業商會（Small Business Commerce Association）頒發的最佳企業獎，在二〇一三年到二〇一七年連續四年經美國伊利諾州政府選為國際投資商務代表公司之一。

目前身兼Advangene Consumables及亞洲創投生物科技投資顧問公司（AsiaVest Biotech）公司總裁與基因開發公司（Genetics Development）董事的她，更積極投入公益與慈善事業，成立Fulu基金會幫助貧困學童，還在美國伊利諾州青少年法庭擔任受虐兒童特別辯護人，為弱勢兒童爭取權益。

不虞匱乏也樂於分享

老子所言：「既以為人，己愈有；既以與人，己愈多。」這可說是傅模英一貫的處世哲學。只要認識傅模英，無不對她的熱心奉獻印象深刻。她曾連續四年奔走，聯合成功大學北美校友促成第二科學園區在台南設立，也推動成立成功大學生物科技研究中心，讓母校跟上世界的潮流。

「她總是想著如何幫助別人，很少去計算自己能得到什麼回報，」許多朋友都這麼形容傅模英。

無私付出的性格，源於一個呵護備至的家庭環境。傅模英的父親原本在中國大陸是軍界將領，來到台灣後轉而經商。她在六個姊妹裡排行老么，從小就格外受寵。「父母四十多歲才生我，有點像把我當孫子養，」她半開玩笑說，父親非常開明，除了小時候逼自己練書法，其他事很少干涉。

傅模英上學時，姊姊們幾乎都已進入職場，她得以獨享父母全部的愛與資源，而且，「每個姊姊回家都會賞我零用錢，花都花不完。」從來都不虞匱乏，造就她樂於分享的個性，也讓她有自信能「做自己」。

「我一生中沒有什麼畏懼，認為對的事情總是勇往直前，與父母對我無條件的支持密不可分，」她有感而發。

傅模英不只是父母的掌上明珠，也是品學兼優的模範學生，高中聯考考上北部第一學府北一女中。進入高中後，她就發現自己是個不折不扣的「理組人」。

「我坐不住，歷史、地理背不進去，數理化只要理解就能答題，對我而言簡單許多，」她坦白地說，自己至今還會做惡夢，夢到國文六冊只念了一冊就要上考場。

我一生中沒有什麼畏懼，認為對的事情
總是勇往直前。

當時在北一女教化學的是一位從他校來兼課的老師，讓傅模英印象深刻的是，這位老師從不照本宣科，相反的，他不帶課本，也不帶講義，一進教室就拿起粉筆在黑板講解化學方程式。不少同學抱怨跟不上老師的思路，她卻如魚得水，「我不太需要看書，上課聽一聽就會了。」

因為數學、物理、化學成績優秀，傅模英被同學視為理科學神，只要聽到哪張數學考卷特別高分，「那大概是傅模英的吧！」同學都會這麼猜。

潛移默化造就德式樸實作風

首位獲得諾貝爾獎的女性居禮夫人，是許多理組學生的夢幻偶像，傅模英也不例外。因為崇拜居禮夫人，傅模英聯考就填了三所

勤奮向學

傅模英求學時期的成大化學系，每週都有考試，逼著大家不得不用功。這種勤奮的精神，對她日後進入職場歷練，非常有幫助。

學校的化學系為志願，最後錄取成大化學系。

父母認為她聯考失常，特地去查分數，傅模英卻隨遇而安，覺得成大很適合她。

「北一女像很光亮的房間，每個人都被用放大鏡檢視；成大則像沒那麼亮的房間，溫暖而低調，讓人感到舒適放鬆，」她用寫意的說法如此形容。

> 信心是人能贈予另一人的最大禮物。

在成大，人與人的競爭沒那麼勢同水火，但課業仍然相當繁重。傅模英回憶，化學系每週都有考試，主科被當就無法畢業，逼得大家不得不用功。

另一方面，成大有許多留學德國的老師，他們一板一眼的實在風格，也潛移默化了成大的莘莘學子。「成大教育訓練我們勤奮向學，這態度對我未來進入不同職場歷練，都非常有幫助，」她感恩地說。

成大畢業後，傅模英在化學系當了兩年助教，隨後出國讀書。在紐約州克拉克森大學（Clarkson University）主修有機化學，從碩士一路讀到博士。

她格外記得自己在國外結婚時，成大化學系系主任李立聰特別從台灣寄去一份祝賀禮物：一份寫著「正氣」二字的書法卷軸，

「我在成大學習成績沒有特別突出，教授還對我那麼關懷，這份感動我一直記在心裡。」

從逆境中獲得最珍貴的禮物

在留學過程中，傅模英逐漸確立了未來走科學研究的方向，「我的個性好奇、喜歡探索未知，科研過程中總是充滿驚奇，讓我深受吸引。」

博士班畢業後，她就在指導教授的引薦下，進入做底片的通用苯胺底片公司（General Aniline & Film, GAF）公司，負責研究底片顯影劑的傳導膠。

做為剛進入社會的新鮮人，傅模英對第一份工作懷抱高度熱情，每天一早就去辦公室，全副精神都投入在實驗中。因為認真賣力，很快受到重用，許多最主要的實驗都交由她負責，感覺前途一片光明。

沒想到，就職半年後的某一天，傅模英一踏進辦公室就聽到噩耗——全公司要裁掉三至四成的員工，自己也是被裁的人員之一。她記得，當時辦公室哀鴻遍野，自己也非常震驚，因為從小到大，她的生活都是一帆風順，從沒想到會遇上逆風。

然而面試她進公司的高階主管，在裁員計畫宣布後對她說的一句話，瞬間安撫了她的情緒：「如果是我做（裁員的）決定，我絕對不會讓你走。」她明白到，被裁員並非自己能力不足，而是因應大環境的決定。

一板一眼的實在

成大的老師以一板一眼的實在風格教育學生，影響了傅模英（左）一生的工作態度。她在國外結婚時，成大化學系主任李立聰（右），特地寄了一幅寫著「正氣」二字的卷軸當賀禮。

就像突然撥雲見日，挫敗感煙消雲散，「我體會到，信心真是人能贈予另一人的最大禮物，」傅模英說，因為這個經驗，自己在成為主管後也特別樂意鼓勵年輕人，給他們信心。

危機就是轉機，不到兩個月，傅模英就找到知名大廠嬌生的工作。不過，儘管做的都是分子聚合物的研究，但嬌生做的醫療產品與之前的底片截然不同，很多都要重新學起。尤其，她負責的膠原蛋白研究，不僅是市場上的先驅，也是公司傾力投入的主力專案。

為了迅速進入狀況，傅模英週末與平日晚上都埋首於文獻中。「我在工作中讀的文獻，比研究所讀的還多得多，」她笑著說，每換一次領域，就像重讀一次博士學位。

然而，尋找新發現的熱情，讓她樂在其中。當三更半夜想到一個新點子，即使再睏倦，也會馬上跳下床拿鉛筆記下來。

皇天不負苦心人，經過長達七年的不斷嘗試，傅模英與研究團隊終於找出膠原蛋白做成人體用醫材的原理與方法，並發表了專利。「這算是我第一個意義重大的專利，」她笑著說，實驗室能產出千千萬萬的創新，但真正能做成產品的只是少數幾個，而這個專利就是鳳毛麟角的一員。

利用這項研究成果，嬌生製造出大量可以被人體分解的醫療產品，像是可吸收縫合線、人造皮膚，造福廣大群眾；此外，把膠原蛋白應用在美容領域，又讓成千上萬女性實現皮膚回春的夢想。

要做事也要做人

在膠原蛋白的研究打開業界名聲後，傅模英轉戰亞培的製藥部門，無疑又將攀登另一座高山。

一項藥物從研發到上市，包括市場評估、製造評估、生物測試、臨床試驗等，每個環節都有失敗的風險，同時需要經過管理當局的層層審核，最後能夠成功做為產品上市的，在新藥研究專題裡的占比非常微小。

克拉黴素的成功，對傅模英而言，也是得來不易。只是困難處並非實驗，而是辦公室的勾心鬥角。

她回憶，當時市場亟缺能對抗多種細菌的廣效抗生素，需求很強烈，尤其是兒童病人。如果能搶先研發成功，成為醫師指定用藥，必然大發利市。因此，所有藥廠都爭相投入這方面的實驗，亞培也不例外，光是公司內部就有三組人馬在競爭。

> 溝通能力非常重要，這是讓別人了解你、認可你、願意與你合作的關鍵。

傅模英領導的部門與日本大正公司合作，在產品開發上進展順利，未料引起其他部門眼紅，放出謠言說他們的產品只能在實驗室少量製造，無法大量生產。

謠言，愈傳愈誇張。為了避免「三人成虎」，傅模英當機立斷，隻身進入工廠花了幾天和工人一起走過製造全程，了解實際操作的種種情況。在工廠主管確認後，她立即回公司找大老闆，篤定表示他們的藥沒有量產問題，請高層不要被惡意的流言誤導。

在澄清疑慮後，傅模英小組的產品順利進入最後藥性測試的決選，並且在結果公布時，獲得壓倒性的勝利——他們的藥物不僅兒童容易接受，有效性更比另外兩組高了足足三至四成，成為公司的不二選擇。

「跟我一同競爭的人，辦公室政治比我懂，簡報比我會講，但我很自豪的是，在這樣不利的條件下，我們能憑實力勝出，」傅模英語重心長地說，那時真有「沉冤昭雪」的感覺。

實力、努力、溝通力，缺一不可

回顧這一路走來的起伏曲折，傅模英不諱言，處理複雜的人事比做實驗更耗神，但要在業界當一個成功的科學家，只會關在實驗室裡做研究是絕對不夠的。

「溝通能力非常重要，這是讓別人了解你、認可你、願意與你合作的關鍵，」傅模英表示，一個藥品在通過內部重重篩選脫穎而出後，進入新藥查驗登記階段，就要跟政府官員打交道，例如：美國的食品暨藥物管理局（FDA），不但有許多文件往返，還要三天兩頭開會，溝通是項必備能力。

擅長溝通給予她不少優勢，比方在研發新藥前，常要跟不熟悉化學的醫生開會做簡報，她往往不講複雜的化學方程式，而是用簡單的比喻說明藥物的化學反應機制，讓醫生一聽就懂，進而對這項藥產生興趣。

然而，三十多年前，即使在美國社會，男女平等的觀念也還尚未普及。

做為少數的女性高階主管，總會遇到同儕男性沙文主義的輕蔑態度，「比方在公司開會時，故意不把你的話當話，或造謠抹黑你，」傅模英無奈地說。

「男性做到七分就能被認同，女性可能要做到九分，但當你端出無法忽視的成果，大家還是能看到，」傅模英笑著說，雖然自己的個性不爭不搶，但是能力受到認可，也能被擢升為高階主管，爭取到當紅的專案。

此外，許多人並不知道，第二科學園區的選址曾經遭遇大量

做對的事

第二科學園區最後能花落台南，很大一部分是得力於成大海外校友的推動。其中，傅模英積極組織成大北美校友會聯合會進行連署，安排國科會參訪美國多個科技園區，主辦多達五次的海外促成台南科學園區座談會，居功厥偉。

政治角力，最後能花落台南，很大一部分是仰仗成大海外校友的推動，而傅模英無疑是凝聚成大北美校友力量的靈魂人物。

促成科學園區落腳台南

故事源於一九九二年的某一天，新任美國中西部成大校友會會長的傅模英，突然接到芝加哥科學組組長王曉中的電話，表示希望成大北美校友能協助爭取第二科學園區落腳台南。

「本來我想，蓋在台南不是理所當然的事嗎？聽完才知道並非如此，」她回憶，原來科學園區的興建能帶動附近的房地產水漲船高，政界或商界都把它視為一塊大肥肉，拚力爭取。

即便在客觀分析下，有土地、人才與學界（成大）支援的台南是最好的選擇，但在政治力介入下，結果恐是未定之天。

聽完王曉中分析的當下，傅模英就決定「這個忙一定要幫！」然而當時成大校友分散全美，在那個沒有電子郵件、LINE、社群媒體的時代，要集結起來並不容易。

幸而在駐外單位的協助下，分布美國紐約、南加州、休士頓等地的十一個成大校友會逐漸串連，發動聯名簽署，加上吳京、朱經武與陳柱華（時任南伊利諾大學工學院院長）等學術界具影響力的代表加入，對相關部會展開遊說，形成一股不容忽視的力量。

連國科會前主委郭南宏都公開表示，海外成大校友的支援是政府考慮南台灣園區設立的重要因素。「我們這些海外學人很少跟政治人物打交道，但因為這件事，包括台南縣縣長陳唐山、高雄縣縣長余陳月瑛都來找過我們，」傅模英回憶。

四年來，傅模英組織成大北美校友會聯合會進行連署，安排國科會參訪美國多個科技園區，主辦多達五次的海外促成台南科學園區座談會，甚至和當時新選上成大校長的吳京，一起協助台南縣政府修改爭取第二園區的簡報。直到一九九五年國科會以專家評選的方式決定南科園址，塵埃落定，忙碌才告一段落。

> 我希望盡己所能回饋社會，為婦女、兒童爭取福利，幫助年輕人追逐夢想。

一晃眼，南科已經成立二十六年，每當有人問起傅模英為什麼願意投入這麼多時間、精力促成南科設立？「對的事就應該堅持去做，不問回報，」她總是理所當然地回答。

展望未來，傅模英期許自己以英業達創辦人溫世仁為目標。

「溫世仁曾說：『我的人生要二十五年賺錢，二十五年花錢。五十歲後，把賺來的錢都拿去做公益。』這段話讓我非常感動，」她說。二〇〇〇年她去中國大陸出差時，拜訪正在黃羊川做「千鄉萬財計畫」的溫世仁，聽他分享藉由捐贈筆記型電腦讓偏鄉孩子與世界接軌的心得，讓她深獲啟發並進一步效法，用自己的Fulu基金會，在新疆貧困地區設立獎學金、提供電腦供孩子使用。

「雖然只有一面之緣，但我對溫世仁的人生觀非常敬佩，把他當作我下半生的典範——盡己所能回饋社會，為婦女、兒童爭取福利，幫助年輕人追逐夢想，」她說。

居禮夫人有句名言：「我們不應該虛度一生，應該要能夠說：『我已經做了我能做的事。』」傅模英的精采人生，堪稱這句話的完美體現。

撰文／王怡棻．攝影／黃鼎翔．圖片提供／傅模英、成功大學

傅模英：做個有格局的人

我常常對年輕人說，人生做事的準則很簡單，第一就是要努力，第二就是要堅持，自己認為正確的事就要堅持下去，因為事情不是「一、二、三完成！」那樣容易做，大部分事情都要經過一番掙扎，中間有起有落，也不一定會成功。

比方我們製一個藥，往往要經過十幾二十年的研究，中間可能因為市場變化，或是競爭對手先發表，整個研究就胎死腹中；也有可能這個藥好不容易上市，但因為毒性造成病患嚴重反應，才問世幾個月就被撤回。

堅持之外，溝通也很重要。

溝通要有技巧，也要有意願，不要把自己放得高高在上，好像「只有我是對的」。一件事要做大，不是你一個人可以完成，一定要團隊合作，所以，在溝通時，要傾聽別人的意見，反對的話也要聽，

那樣才能從中學習，也能因此獲得別人的支持與認同。

我的體會是，用心做事、用心對人，一定會得到回報。

人要有格局，不要把自己的利益放在第一位，利他才能利己。我聽許多人說，他想等賺夠錢退休後去無私無我地奉獻，事實上，在年輕時就能這麼做，不用等到年紀大或很富有才行動。

最後，我也要鼓勵年輕人「做個有趣的人」，在專業之外培養一些其他興趣，花一點時間關心身邊的人和物。我每日讀書，報紙上的體育版、文化版、政治版都讀，所以別人談到每件事，我都知道他在講什麼，也能加進去聊。這不論在職場、在一般生活，或對融入美國社會都很有幫助，也從中學習很多，使人生更豐富。

穩步求勝

盧克修 達爾集團董事長

累積實力才有未來力

面對生涯中的種種「意外」，
盧克修秉持「永遠把工具放進工具箱」的信念，
持續拓展事業領域，
更要將一路上獲得的善意傳承下去。

成功大學電機系、德州理工大學（Texas Tech University）博士、德州儀器資深副總裁、達爾（Diodes）集團董事長，諸多頭銜加身，盧克修從學校到職場看似一路順遂，但事實上，出國留學、攻讀博士、接掌德儀亞太區主管，都不是他原本設定好的路。

面對生涯中的種種「意外」，盧克修依舊能夠泰然自若，其中成大求學時期帶給他的影響居功厥偉，儘管大學生活和想像中相去甚遠。

顛覆想像的大學生活

一九六五年，盧克修考上成大電機系，原本以為就要展開多采多姿的大學生活，沒想到沉重的課業、考試壓力接踵而至，「跟想像中完全不一樣！」畢業至今已經五十年，回憶起當年的校園生活，仍忍不住感嘆。

他回憶，大一最苦，每週五都有大會考，數學、化學等主要學科輪流考試，每天都戰戰兢兢，到了大二才慢慢適應這種步調；但大二時，又遇上兩位「守門大將」——教電子電路的夏少非與教電磁學的周達如，他們要求極高，而一旦被當掉就只能晚一年畢業，「不努力讀書，就是被當掉；不想被當掉，就必須埋頭苦幹。」

那段時期的磨練，養成了盧克修一步一腳印的個性。而另一位深刻影響他人生的，是教自動控制學的老師黃乙卯。

當時，電腦剛引進台灣，國科會在成大設立計算機中心，盧克修就用Fortran語言跑程式，用電腦來模擬、預測機器的最佳化控制

確立目標

成大畢業後，盧克修先是擔任助教，隨後便抓住到美國留學的機會，前去學習更寬廣的知識，期待在工業界闖出一番事業。

設定。

在黃乙卯的指導下，盧克修大四就開始做研究，而且在電機電子工程師學會（IEEE）的期刊上發表兩篇論文。那時的他未曾想到，因為自己的興趣與鑽研，不僅讓他後來順利拿到赴美留學的獎學金，對於他後來的碩士、博士研究也裨益甚大。

成大畢業後，盧克修希望加強專業能力，未來可以朝工業界發展，於是留在學校擔任助教。

相較於有些北部大學的學生畢業後就去美國留學，南部的學生比較保守，較無出國留學的風氣，加上一九七〇年代台灣電子工業剛要起飛，工作機會增加，多數同學都想留在台灣繼續深造或投入工業界，他也是其中之一。

「成大設立的目標，就是要培育傑出的工業人才，我也深受這樣的精神影響，不想走學術路線，希望在工業界闖出一番事業，」盧克修笑稱，「如果要當教授、拿諾貝爾獎，可能就去念別的學校了。但是，我覺得我對人類的最大貢獻不在教書。」

計畫總是趕不上變化。

盧克修擔任助教時，無意間在學校布告欄上，看到一則訊息，是成大電機校友趙匡孝到美國德州理工大學擔任教授，提供一個獎學金名額給成大學生，他看到後連忙寫信爭取這個機會。

「這不是我原本規劃的路，」盧克修坦言，成大畢業生是台灣工業界的最愛，加上電子工業剛起飛，基於各方面考慮都覺得應該留在台灣貢獻所學，但當這個機會出現，他認為可以學習更寬廣的知識，對將來有更大好處，於是毅然決定勇闖美國。

遇到問題便設法解決

盧克修提出自己的兩篇IEEE論文與學校成績，趙匡孝立即回覆同意，但盧克修一開始根本無意出國，連托福、GRE都沒考過，於是趙匡孝只能為他優先保留名額，請他盡快取得托福和GRE測驗成績。

還好，一切手續完成，盧克修順利前往德州理工大學就讀。

一般留學生初來乍到，難免有學習上適應不良的問題，但他在成大大四時就跟著黃乙卯一起進行自動控制研究，對研究方法並不陌生，加上碩士班的指導老師趙匡孝也是自動控制領域的專家，對他來說沒有遇上太多阻礙。不過，還是有個比較吃力的地方，就是語言問題。

到美國的第一年，盧克修的英文程度還沒法完全跟上。在課堂上，他秉持過去在成大專心抄筆記的好習慣，但一心不能二用，要抄筆記就無法專注聽老師上課的內容，他擔心這樣下去會讓學習效果愈來愈差，因此向老師求助；老師知道他的問題後，大方提供備課講義給他影印，有了「真傳本」的加持，讓他功力大增，碩士班一年級上、下學期各三科全拿了A，也慢慢突破語言障礙。

見證「施比受更有福」

盧克修在碩士班的課業成績與研究成果都很出色，系主任西卡特（Russell Seacat）非常看好他，一直鼓勵他繼續攻讀博士班，但他沒有忘記自己想朝工業界發展的初衷，因此拿到碩士後，雖先留在學校讀博士班，但一遇上不錯的工作機會，就決定前往德儀擔任測試工程師。

然而，當年的德儀有個不成文規定——經濟不景氣，會從年資最淺的員工開始裁員。所以，儘管他工作非常拚命，年資不到一年的他仍被資遣了。

得知盧克修的遭遇，西卡特大為不平，力邀他回學校念完博士班，但當時獎學金的申請期限已過，他不可能完全自費念博士。沒想到，系主任主動承諾，願意將辦公經費節省下來，提供他當獎學金。又一個人生插曲，讓他重返德州理工大學，繼續完成博士班的學業。

半年多之後，隨著市場反轉，德儀重新開出職缺，廠長第一時間就要請盧克修回去上班。然而，為何是他？一個華人、一個職場菜鳥，他相當納悶，直接向廠長提出自己的疑問。

歷練不同面向

在德儀半導體集團的歷練，讓盧克修（中）通盤了解亞洲市場，也從過去的工程導向，跨展到能掌握市場趨勢、供應商、客戶等綜合面向。

原來，當初他在德儀時，在電腦室經常協助一位電腦操作員解決讀卡機卡住的問題，偏偏那位操作員恰巧就是廠長的妻子，因此一有工作機會，就立刻向廠長推薦他。

無意間的善意獲得了回報，盧克修見證到「施比受更有福」的力量，而這種經驗在他後來的工作生涯中屢見不鮮。

為目標不惜降轉

再度回到德儀工作，盧克修沒有放棄博士班的學業，從一九七四年暑假到一九七七年年底，三年多時間，他日復一日過著「全工全讀」的生活——每天早上八點去上課，中午十二點去德儀上班，一直到晚上九點，回家之後還得準備課堂作業、念書到晚上十二點。

> 我要在工業界發展，要把基礎打穩，就不能怕吃苦。

然而，這不是最令人訝異的。

成為博士、達成人生另一個重要里程碑後，盧克修做了一個跌破同事眼鏡的決定——降轉到德儀達拉斯總部當工程師，因為當時總部沒有經理職缺。

「我要在工業界發展，要把基礎打穩，就不能怕吃苦。到總部不能當經理，但可以學到產品、製造、設計等更多東西，擴展我的能力，」盧克修強調，把未來規劃中需要的東西，按部就班、扎扎實實學起來，這是成大教會他的事。

事實證明，他的選擇是對的。

走出舒適圈，解鎖更多技能

盧克修因為在德儀有擔任工程師及經理的經驗，一年後總部有主管職缺，他馬上晉升科長（section manager），此後又一路從分公司經理（branch manager）、部門經理（department manager）升到總部經理（division manager）。

為何能夠如此一路高升？盧克修認為，關鍵在樂於幫助別人、不藏私、習慣團隊合作，因此常能獲得主管賞識，在關鍵時刻拉他一把。

舉例來說，他在擔任分公司經理時，經常不計較功勞、認真幫非技術出身的老闆準備各種資料，老闆上台簡報時總能獲得好評；後來，有位主管升職為總部經理後，主動提拔他擔任部門經理，原因就是看到他不計得失、全力以赴的工作態度。

這位主管，就是延吉布斯（Tom Engibous），後來成為德儀董事長、總裁兼執行長，一路提攜盧克修，到一九九一年當上總部經理，也應驗了盧克修前老闆貝克（Lowell Baker）所說的話：「有一天，你會成為我的老闆。」

延吉布斯擔任德儀半導體集團總裁時，打算派盧克修擔任亞太區總裁，但他覺得，自己對現在的工作很滿意，而且在美國住慣了，不想離開。

然而，延吉布斯用一句話打動了盧克修：「永遠要把工具放在你的工具箱，因為你不知道何時會用到。」

正因為有那樣的歷練，讓他能夠通盤了解亞太市場，也從過去的工程技術導向，擴展到能夠掌握市場趨勢、供應商、客戶、生意等面向。

「亞太市場比美國、歐洲還要大，客戶也跟美國完全不一樣，」

善於凝聚共識

盧克修（左二）沒有老闆的架子，更因為做事公平、公開，對公司願景有明確的規劃，讓團隊可依循目標執行，因此員工都齊心相挺、通力合作。

盧克修坦言，現在達爾在美國上市，但有七五%至八〇%的營業額來自亞太市場，如果不是當年在德儀的歷練，現在經營達爾不可能如此得心應手。

二〇〇〇年，盧克修從德儀總部資深副總裁一職退休，那年他五十四歲。因為希望將自己的專業經驗與人脈資源傳承下去，並將矽谷創新創業精神移植到台灣，他決定投入完全陌生的創投業。

「在創投業五年，我學到很多新事物，包括：如何評估投資綜效、公司價值、成功機會、經營團隊的能力等，」盧克修分享，這些，後來都成為他經營達爾的養分。

過去十多年，達爾執行了十幾個併購案，參與過五、六家合資案，創投業的歷練完全發揮作用，延吉布斯「把工具放進工具箱」的理論一次次獲得驗證。

先有遠見再制定策略

談到與達爾的緣分，盧克修早在德儀時就與光寶集團創辦人宋恭源認識，至今交情長達近半個世紀，後來受邀參加光寶轉投資的達爾擔任董事，在董事會提供許多建言。後來，宋恭源力邀他接手公司營運，他一口就答應了，自二〇〇五年擔任達爾總裁兼執行長至今。

達爾本來是一家美國的小型公司，營收及市值各約兩億美元，盧克修接手以後設定了二十年的長期成長計畫。

第一階段，他聚焦在量大、產品同質性高的電腦、通訊、消費性電子等3C產業，藉以提高公司的產業能見度，結果在二〇一〇年就將公司市值提升到十億美元。

第二階段，他先把價格與毛利放在一邊，優先衝刺公司規模，歷經七年努力，在二〇一七年也達成營收十億美元的目標。

目前達爾正在衝刺第三個目標，為了拉抬毛利率，大舉從3C領域延伸到車用與工控等高毛利產品，原本預期二〇二五年營業毛利十億美元的目標，如今已可望提前達陣。

> 台灣是我的家，
> 我願為養育我的這塊土地貢獻一份心力，
> 盡責守護台灣。

能夠帶領團隊按照每個階段完成目標，盧克修認為，遠見與執行策略都很重要，而且要先有遠見、再訂定執行策略；只要公司上下都能朝向共同目標努力邁進，就能讓整個公司脫胎換骨。

知人善任，落實願景管理

從德儀到達爾，盧克修長期在美國上市公司位居要職，身處多元文化與跨國經營的複雜環境，他整理出一套管理心法。

他說，首先，必須知人善任，用其長、補其短，讓每個人適性發揮；其次，用人不疑、疑人不用，讓部屬充分感受到信任、敢於放手去做，避免事必躬親的微觀管理；第三，放下本位主義，發揮團隊合作的精神，設定共同目標後一起努力達成。

這樣的經營理念與管理哲學，成為盧克修獨特的魅力，目前達爾的高階主管，不分台籍或美籍，從德儀跟著他到現在，共事三、

知人善任

長期在美國上市公司位居要職，身處多元文化與跨國經營的複雜環境，盧克修（左四）整理出一套管理心法：首先，必須知人善任，讓每個人適性發揮；其次，用人不疑、疑人不用，讓部屬充分感受到信任、敢於放手去做；第三，放下本位主義，發揮團隊合作的精神，設定共同目標後一起努力達成。

四十年的大有人在。

事實上，在達爾，員工們不會稱呼他「總裁」之類的職銜，而是暱稱他「盧博士」，因為他完全沒有老闆的架子。在採訪拍照時，我們看見他對著主管拿來的產品，不厭其煩詢問相關細節。這樣對專業領域充滿好奇、追根究柢的鑽研態度，相當符合大家眼中的「博士」形象。

> 我們接受別人的幫助與愛，也要將這份助人的心傳揚出去。

與盧克修共事近三十年，達爾亞太區總裁莊國鼎這樣描述自己眼中的「盧博士」：他是一位做事公平、公開的長者，對公司願景有明確的規劃，能夠將願景轉換成具體的目標，讓團隊可依循目標執行，達成後也很有成就感。所以，部門之間不會「內捲」（involution），大家都能將精力放在如何達成每季目標的行動方案上。

最近一次的例子，就發生在二〇二二年三月底。

中國大陸受疫情影響封城，工廠生產與出貨都受到影響，時值第一季最後一週，眼看當季業績目標恐無法達成，但沒有人輕言放棄，大家都願意把公司的事當自己的事，從業務端到工廠端全體動員，「各部門通力合作，每隔幾小時就通一次電話，終於順利解決出貨問題，這就是團隊齊心相挺所產生的驚人力量，」莊國鼎深有所感地說。

將助人的心傳揚出去

儘管工作忙碌，盧克修在美國跟台灣都熱心參與各種社會公益、回饋母校及其他公共事務，譬如，他在德州理工大學設立「盧克修客座講座」，並透過成大天使平台，積極扶持成大新創團隊銜接矽谷創投資源。

二〇二一年，台灣疫情最嚴峻的時刻，盧克修也透過達爾捐贈醫療儀器給國泰醫院，為第一線醫護人員提供實質援助。

「台灣是我的家，我願為養育我的這塊土地貢獻一份心力，盡責守護台灣，」他感性地說。

「從成大到德州理工大學，我遇到的老師都很不藏私，而是用恨鐵不成鋼的心態，使出渾身解數來教導學生，完全不像有些人說師傅會藏一手，」受到這種氣氛的感染，加上自己信仰的基督教教義也鼓勵要幫助別人，一路走來，他始終抱持「施比受更有福」的原則，「我們接受別人的幫助與愛，也要將這份助人的心傳揚出去。」

對盧克修來說，這是一種信仰，更是一種信念。

撰文／沈勤譽．攝影／黃鼎翔．圖片提供／盧克修

盧克修：確立人生規劃與目標，不要害怕失敗

年輕時，應該抱持努力學習、努力工作的原則，千萬不要好高騖遠、投機取巧，做人更要不自私、團隊合作、樂於分享，做事則堅持勤能補拙、實事求是，長此以往一定會成功。

進入職場後，要清楚自己的人生規劃，一旦確立目標後就要不畏艱難、勇於接受挑戰，學習各方面的技能，增加自己工具箱內可用的工具。

在職場上，有些原則非常重要：第一是執行力，如果我們知道要從A到B，不採取行動的話永遠到不了；只要出發了，即使經過多次校正，終究能夠從A抵達B。

第二是承諾，不要輕易給出明知達不到的承諾，一旦承諾了就要全力以赴、如期完成，不要給主管超乎預期的壞消息，未完成目標也不要隨意幫自己找藉口。

第三是不要害怕失敗，產品做壞了、找不到訂單都沒有關係，重點在於從這段經驗中學到什麼，只要能記取教訓、持續檢討改進，後續一定會做得更好。

產業環境變化快速，企業領導人不要只關注公司每天的例行事務，必須能夠掌握趨勢、制定策略，而在評估趨勢時應同時具備市場與科技的思維，一方面從市場取向思考，產品解決了哪些使用者的痛點、消費者願不願意為此買單，另一方面從科技取向去研究，如何將產品愈做愈小、愈做愈快、愈做愈方便。

在可行的方案當中，能夠用相對最低的成本解決問題，而且消費者也願意付錢的，市場接受能力自然愈高，也是商機所在。

無私奉獻

蘇玉本 中科院飛彈火箭研究所顧問

捍衛國防自主的戰鬥力

許多人渴望成名，卻未必有相應的實力。
而蘇玉本，原本可以走一條功成名就的路，
卻選擇了淡泊，
默默為提升國家實力奉獻心血。

身處國際強權角力及兩岸高壓情勢之下，國防實力就是國力的重要核心。過去多年來，身為台灣國防自主搖籃的中山科學研究院，匯集了一群默默無名的研發工程師與科學家，他們的名字不會出現在報章雜誌中，也從不羨慕業界開出的優渥薪資，日復一日堅守崗位，每一次的創新與突破都是一場無聲煙硝的勝利，提升了台灣的防護實力，有效嚇阻威脅。

中科院飛彈火箭研究所顧問蘇玉本，原本也是這群無名英雄的其中一員。他在一九七四年進入中科院服務，先後擔任衝壓引擎組組長、第二研究所（現名為飛彈火箭研究所）副所長、所長等要職，他領導開發的火箭飛彈系統，在全球相關領域中擁有明顯的領先地位。但是在專業領域之外，外界幾乎沒有聽過他的名字。

沒想到因為二〇二二年獲得中研院院士的殊榮，讓他的名字一夕之間躍上媒體，大眾也才赫然發現，原來我國飛彈系統，如：天弓一型、雄風三型、雄風二型、萬劍，背後都有他帶領團隊奮鬥的身影。

從小深具「動手」精神

在碰面之前，蘇玉本已將採訪題綱的擬答寄回；採訪完成當天晚上，我們又收到一份更加詳細的訪談摘要，科學家的勤奮與自律精神一覽無遺。

從小在農村長大，蘇玉本心中一直有個清晰的畫面：農民將辛苦收割下的稻米倒入風鼓打稻機，稻穀中的空穀及雜物便被快速剔除，只留下飽滿的米粒——宛如魔法一般神奇，不僅讓他對機械協助人力的功能留下深刻記憶，也點燃了他對機械的濃厚興趣。

憑著本能與喜好，蘇玉本從小就深具「動手」的精神，家中的鐘、錶，幾乎都被他拆開研究——儘管他自嘲「當然沒有修好

樂學篤行

憑藉著從小對機械的熱愛，蘇玉本（右四）進入成大機械系就讀，在自律向學的氛圍中徜徉於工程圖學、機動學、熱機學及熱力學等學科，打下扎實的專業基礎；之後更在就讀台大機械研究所時，到中科院第二研究所從事飛彈與火箭方面的研究，自此開啟了他貫徹一生的志業。

過」，但他無師自通地學會修理腳踏車與電器。

因為從小對機械的熱愛，考大學時，蘇玉本順理成章地進入成功大學機械系就讀。

開啟一生志業的起點

「成大對我的人格養成影響很大，」蘇玉本回憶，當時機械系一百五十個新生都住在同一棟建築內，大家同吃同住，在成大純樸又自由的校風中，即便老師上課鮮少點名，卻幾乎沒有人缺課。這種自律向學的氛圍，讓他悠遊於工程圖學、機動學、熱機學及熱力學等學科之間，打下扎實的專業基礎。

> 永遠保持赤子好奇之心，堅持終生學習，
> 才有辦法應付職場上不斷出現的問題。

成大畢業後，蘇玉本考上台灣大學機械研究所，他選修了自美歸國短期客座教授楊源生的課程。畢業前，他與對方聊到自己對未來就業的不確定，當時正受聘擔任中科院顧問的楊源生便推薦他到中科院第二研究所，從事飛彈與火箭方面的研究。

當時正值自主國防科技需求殷切的年代，一九六九年剛成立的中科院是國內唯一的國防科技研發重鎮，再加上所學正可派上用場，幾乎每個人都充滿朝氣與使命感，而在那時進入中科院服務的

蘇玉本，自此開啟了他貫徹一生的研究志業生涯。

帶著好奇心去創新

蘇玉本在中科院學到的第一課，是要勇於接受挑戰，不要局限於既有的能力或知識範圍。

求學時，蘇玉本修過流體力學的課程，但僅限於不可壓縮流，氣體流動速度與密度變化較低，而飛彈或火箭在空中飛行面臨的，是氣體流動速度和密度變化較高的可壓縮流，涉及高速飛機、噴射發動機、火箭引擎等領域，必須透過自學來補足知識落差。

蘇玉本一入職，前輩易扶生便丟了一本厚厚的火箭推進器的原文書給他，「像天書一樣難懂，我花了兩個月才看完。」在當時的環境下，台灣自身的武器研發技術與資料極度缺乏，無論是資深同事或是像蘇玉本這樣的新進研究員，大家所知其實相差不遠，唯有透過持續自學、大膽動手實驗，才能推進目標。

「我一進來，就覺得這裡不像軍事單位，因為長官們都非常開明，設定大方向與目標之後，便充分讓大家放手去發揮，」蘇玉本回憶，在自由的創新氛圍下，藉由前輩易扶生的輔導、楊源生的指導及小組長薩本通的指揮，很快形成一個三人小組，從事固體火箭發動機的研究。

正如同發明家愛迪生的名言：不經歷九九%的失敗，就沒有一%的成功。這個三人小組時常在中科院的試驗場進行火藥實驗，當時的同事經常聽到他們失敗時傳來的爆炸聲，但是蘇玉本卻從未接到指責。

「長官反而覺得這代表我們有在做事，才會發出這些聲響，」蘇玉本說，這種正向回饋，讓他更樂於大膽嘗試創新，最終成功研發出國內第一具完全自行研發及自製的實用固體火箭發動機。

將壓力轉換成動力

優異的表現，讓蘇玉本在一年後就獲院內提名，前往美國普林斯頓大學機械航空工程研究所攻讀博士。

代表國家出國進修，身上背負的是榮譽與責任。當時，他每個月只有三百二十美元的生活費，但是光住宿費就要花掉一百五十美元。在美國四年，蘇玉本只因父親逝世而回台一次。

> 工程問題只有對錯，沒有階級。

談起那段刻苦艱辛的留學經歷，他的心態很積極，將吃苦當成鍛鍊，還幽默地說，自己將來的回憶錄可以命名為「中山惠我五十年」。

然而，身處美國最頂尖的學府，讓蘇玉本更深刻體會到，當時台灣處在國際強權角力中，對於國防需求的急迫性，但是他將壓力轉換成鼓舞自己的動力，更加堅定自己想要回國貢獻所長的決心。

回國之後，蘇玉本先後歷任青蜂、天弓計畫火箭推進系統研發負責人，在一九八三年又進一步受命擔任衝壓引擎組組長。

衝壓引擎的原理，是透過高速的迎面氣流加壓，但是當飛彈

勇於突圍

八〇年代，蘇玉本（右五）自美國普林斯頓大學機械航空系學成返國，深刻體會到台灣國防需求重要性，在難以獲取設計參數等資料的困境下，他帶領團隊突圍，讓台灣成為全球第五個成功研發衝壓引擎的國家。左八為時任總統蔣經國。

在高空以六倍音速巡航時，彈體與空氣摩擦產生的溫度將近攝氏兩千度，研發難度極高，當時僅有英、美、俄、法這四個國家能夠做到，可說是高度機密的技術。

面對難以獲取設計參數等資料的困境，蘇玉本幾乎後半輩子都沉浸在這個領域中，帶著團隊致力突圍，終於讓台灣成為全球第

默默奉獻

五十年來，蘇玉本甘居幕後，無論獲得再多獎項肯定，他也始終不改初心，將榮耀歸功於每一位共事的同仁。而他的經歷也證明，默默做事的人，終有機會被看見。

五個研發成功的國家。而被譽為「航母殺手」的超音速反艦飛彈雄三，便是採用衝壓引擎做為續航推進系統，使得飛行速度大幅提升，在兩岸的對峙情勢中，高度提升了台灣的國防實力。

科學只有對錯，沒有階級

面對前所未有的研發挑戰，蘇玉本為何能帶著團隊突破多項關鍵技術？他將功勞歸於團隊，銘記眾志成城的力量，「我的角色，就是做好系統整合的任務。」

蘇玉本巧妙譬喻，即使將世上最完美的眼睛、鼻子、嘴巴等器官組合起來，也可能出現比例失衡的現象，衝壓引擎的研發也是如此，進氣道、燃燒室、供油三大組成之間的零件設計，可能出現互相衝突牴觸的情況。要能達成最佳平衡，便有賴蘇玉本站在制高點，進行取捨與判斷。

在這個過程中，蘇玉本致力於創建讓每個研究員都能暢所欲言、直抒己見的風氣，就像他自己剛進入中科院時，即便只是一個初出茅蘆的小伙子，也能與資深同事平起平坐，即便爭得面紅耳赤，彼此之間也不會留下心結。

「工程問題只有對錯，沒有階級」是蘇玉本時常掛在嘴邊的座右銘。不過，一旦取得共識、拍板定案，他就會要求團隊必須服從紀律，朝共同目標使力；即便中途出現失敗、士氣低落，他也一直傳遞「工程沒有一次就成功」的經驗，帶著團隊快速振作，重複無數次運算修正的循環。

每一次的飛彈試射，背後都是團隊數年的努力，以及高達千萬元的資金投入，「試射演習失敗，被批評嘲諷是『天女散花』的時候，也會很挫敗，」蘇玉本半開玩笑地說，這是造就他心律不整的病根。然而，正是在一次次的實驗、除錯中，鍛鍊出蘇玉本敗而不餒、百折不摧的堅強意志力，奠定中科院在火箭飛彈系統領域的領先地位。

帶領中科院轉型突圍

一九九九年，蘇玉本接任中科院第二研究所所長，適逢冷戰結束，過去不能獲得的武器也開始能透過採購輸入，導致中科院遭受預算大幅刪減的衝擊。此時的中科院面臨轉型的迫切需求，才能找出永續經營的生機。

在斷炊危機之下，蘇玉本召集高階主管們共同腦力激盪，重新訂出「顧客滿意、締造雙贏、團隊合作、建立尊嚴、技術創新、追求卓越」的新策略。在配合國家布局、開展國防自主之外，他更積極讓中科院「走出去」，一方面強化與工業界的互動，同時也想辦法開拓財源，包含在三年內推動超過百件的國防技術移轉民間的技術服務案、爭取經濟部科專計畫。

這段過程，蘇玉本看得很清楚，過去多年的超然戰略地位讓中科院難免帶有一種「衙門氣息」，內部不同單位間的協作流程複雜冗長，不只拖累了研發創新的步伐，也不利於對外合作的推進。

因此，蘇玉本在工作之餘，不時前往企業參訪、向經理人取經，並率先在中科院導入企業化管理觀念，推動作業流程電子化、主管任期制度、品質經營等新制，尤其是重視客戶意見調查，「我們做出來的東西，要能夠讓顧客滿意。」

蘇玉本口中的「客戶」，不只是針對外部單位，更包含所內人員。他解釋，中科院的人員組成大致可分為「支援」及「研發」兩大類，過去科技、文書、主計、行政等不同專業的人員互不了解，也產生了許多溝通上的誤解。

只要用心，最終你的成就還是會被看見。

在新制改革下，蘇玉本期許，每個人都要以「全方位工程師」自居，將彼此當成是互相的顧客，想方設法簡化作業流程，提升服務品質與效率。

舉例來說，過去研發人員領取材料時，要填寫繁雜的表單，還要耗費很長的時間等待，在物料組重新調整流程之後，研究人員只需要上網申請，就會有人將所需材料送到，可謂是服務到家。

就連蘇玉本身為所長，也必須努力提升內部顧客——即所內同仁的滿意度。他規劃了「所長信箱」，讓有意見想要反映卻不擅於當面溝通的同仁也能自在表達意見，讓問題獲得處理。

諸多創新做法，蘇玉本不只要說服長官從事正確的方向，還要承擔從無到有、不知是否會成功的心理壓力，但是，從工程研發到組織管理，他都秉持同樣的態度，不計個人成敗、奮戰到底，為歷史悠久的中科院注入煥然一新的活力。

即便蘇玉本已經退休，曾經營造的精神持續影響至今。當蘇玉本獲得院士之後，採訪團隊提出希望在中科院進行拍攝的需求，中科院公共關係室團隊也特別向長官溝通爭取，讓原本需要耗費數月才能定案的申請流程，在短短一週內就順利通過，「這就是服務精神的展現，」蘇玉本欣慰地說。

憑藉著對於台灣軍事戰備尖端科技發展的巨大貢獻，蘇玉本在

培養全方位工程師

看見中科院亟需轉型的迫切，蘇玉本一肩扛起轉型大任，積極前往企業取經，率先在中科院導入企業化管理觀念，推動作業流程電子化、主管任期制度、品質經營等新制，希望讓每個中科院同仁都能成為「全方位工程師」。

二〇二二年七月，成為中研院第三十三屆十九位新科院士之中的一員，也是繼「雄風飛彈之父」韓光渭之後，第二位中科院出身的國家院士。

但是，若想要進一步了解蘇玉本過去的經歷，網路上可找到的公開資料卻寥寥可數。對此，他表示，因為涉及國際機密，在中科院工作的第一要務就是低調，很多重要成果也不能發表，自然無法獲得即時肯定。「我現在能講的，都是二十年前研發、已經解密的成果，」他指著中科院研發展示館大廳中的雄三飛彈與後方的天弓三型飛彈補充說明。

在漫長的研究生涯中，蘇玉本很耐得住寂寞，因為他從未想要追求掌聲，「想要功成名就，你就不應該在中科院工作。」

他時常跟同仁說：「國家花了這麼多錢讓我們研發火箭，每一發射出的飛彈都是成千上億元的造價。」以此勉勵大家珍惜這個難得的機會，而他也一直以身作則，將全身精力都放在追求自身的成就感上，這種心境，正與唐代詩人賈島的詩作「十年磨一劍，霜刃未曾試」不謀而合。

有付出，生命才有意義

過去近五十年來都甘居幕後，卻意外獲得國家學術的最高榮譽，連蘇玉本自身都感到驚訝。根據《中研院院士選舉辦法》，院士候選人必須獲得現任院士連署，或大學、研究機關等五人以上之提名，這對鮮少參加公開活動、發表成果的中科院團隊而言，門檻極高。

當選院士，讓蘇玉本既感動又榮幸，但他仍不忘強調：「真正被看中的，是我們團隊的研發成果，我只是代表而已。」

不論是獲得優秀工程師、公務人員傑出貢獻獎，甚至是院士的殊榮，蘇玉本初心不改，始終自謙自己只是代替團隊領獎，將榮耀歸功於每一位共事過的同仁。

日本作家村上春樹曾在短篇小說〈青蛙老弟，救東京〉中，描述東京平凡無奇的上班族，有天卻被一隻巨大的青蛙找上門，告知繼神戶地震後，東京將遭受一個更大的地震，需要他的協助才能化解災難。任務最終順利完成，但是世人卻毫不知曉過去二十四小時之內的驚心動魄。

剝開小說家筆下誇張詼諧的喜劇手法，蘇玉本的一生，像極了小說中的主角，看似平凡無奇，也無人知道他為了世界和平付出過多少心血；但是因為選擇進入中科院，主動承擔起守護國防安全的研發任務，每一天的日子也因為這個任務而變得更加具有意義。

如今，蘇玉本雖已退休，仍持續擔任中科院顧問一職，將過去多年累積的寶貴研發經驗傳承下去。他要在自己選擇的研發戰場之中，繼續堅持奮戰下去。

撰文／王維玲．攝影／黃鼎翔．圖片提供／蘇玉本

蘇玉本：永保好奇，終生學習

我常跟年輕人說，不要一開始就把自己的定位局限住，覺得自己在大學所學的內容一定就是未來職涯的方向。大學只是基礎教育，真正進入產業後，很多東西都要從頭學起，所以一定要永遠保持赤子好奇之心，堅持終生學習，才能應付職場上不斷出現的問題。

此外，年輕人也應該經常磨利專業能力，目光要遠大，尋求與菁英為伍、追求標竿，不要以平庸為標準；另外，不要排斥瑣碎小事，如：物料管理等行政工作，這是邁向全方位工程師的必要條件之一。

中科院剛成立的時候，許多長官篳路藍縷，現在我們所在的院區、屏東的九鵬基地，都是他們辛苦開發建設的成果，他們打下了深厚的基礎，而且還能夠在制定明確目標後，放手讓我們自由發揮，讓我們得以成長茁壯，我們有責任將這種精神傳承下去。

國防科技一直是冷門專業，雖然大家對國機國造、國艦國造、潛艦國造等熱門話題很熟悉，卻少有人提及其實中科院早已完成了飛彈國造、水雷國造的成果。即便無法獲得即時的肯定，但研發人員還是應該兢兢業業，努力做好自己的工作。只要用心，最終你的成就還是會被看見。

跨域整合

安介南 中研院院士

連結生物力學與醫療的先驅

無論身在何時、人在何地，
安介南始終熱中串聯知識、傳承經驗，
希望讓每個人都可以變得更好。

掌聲、喝采聲從四面八方響起，鎂光燈此起彼落地閃爍，這是一九八四年在亞特蘭大、有「骨科界諾貝爾獎」之稱的「Kappa Delta獎」頒獎典禮。穿著深色西裝、戴著傳統方框大眼鏡的安介南，笑容靦腆地從Kappa Delta祕書長手中，領取那張被視為骨科研究最高榮譽的證書。

那年安介南三十七歲，因為「手部各關節力量傳遞」的創新研究，受到骨科界高度肯定與推崇。

不過，那只是安介南職業生涯早期的第一個高光時刻。在之後的三十年，他做為梅約醫學中心生物力學實驗室及骨科研究部門主任，因為開創性的研究獲獎無數，曾被推舉為「美國生物力學學會」（ASB）理事長，以及美國國家衛生研究院（NIH）關節炎、肌骨骼和皮膚疾病指導委員，二〇二二年又當選中研院院士。

他參與人工關節置換手術的開創，並且是彈性成像技術應用在骨骼肌肉系統的先驅，三本著作《手部生物力學》、《腕關節生物力學》、《手和腕關節高等生物力學》，均被骨科界奉為圭臬。

工程世家涵養踏實性格

長年定居美國，安介南卻始終心繫台灣，不僅協助成功大學生物醫學工程研究所教授周有禮，成立骨科及復健生物力學研究群與研究中心，也積極推動成立「中華民國生物力學學會」，促進台灣生物力學的學術發展。

儘管早已是眾人景仰的生物力學泰斗，安介南仍維持一貫的認真謙遜，即便只是一場小型的學術演講，他也會和主辦單位確認聽眾需求，並依聽眾興趣與程度調整演講的內容和方向。

Kai-Nan An, Ph D., is seen receiving the Kappa Delta Award from Mrs. William W. Fuller, national secretary of the Kappa Delta Sorority, for his research at the Mayo Clinic, Rochester, Minnesota, on biomechanics of the hand. A total of four Kappa Delta Awards were presented at the AAOS annual meeting in Atlanta.

Best regards to Dr. An.

突破創新

一九八四年安介南憑著「手部各關節力量傳遞」創新研究，獲得「骨科界諾貝爾獎」之稱的「Kappa Della獎」。他運用數據模擬與工程專業，研究肌肉、韌帶與骨骼間的力量傳遞，建立的公式成為設計人工關節的基礎。

這種勤奮踏實的態度，來自家庭的耳濡目染。

安介南的父親是西南聯大化工系高材生，母親畢業於國立中央技藝專校紡織學院。生長在工程世家，養成他一板一眼、按部就班的做事態度。

一九四七年在南京出生的安介南，不到一歲就隨父親調職，舉家搬遷到台灣嘉義，在水上的南靖糖廠落腳。

在安介南的記憶中，父親因為擔任糖廠廠長，難免有些人想送禮，但父親從來不收，因為「行得正，才能睡得安穩。」儘管父親很少跟他說什麼大道理，但一言一行都深深影響他，「絕不貪小便宜」就成為他為人處事的基本原則。

甚至，「父親在南靖糖廠當了一輩子的廠長，我也是在梅約一直做到退休，都是從一而終，」安介南瞇眼笑著說。

順勢而為，樂於分享

從小學到國中，安介南的生活都圍繞著糖廠、學校打轉，直到高中考上台南一中，才離開家裡。他自承是個很普通的學生，在高中因為不喜歡補習，成績甚至一度吊車尾，「一班五十個人，我好像是第四十六名或四十七名。」但在最後一年，他卯足全力準備聯考，成績很快就拉起來，一下超越眾多同學。

如果要形容安介南的個性，「隨遇而安」應該是其中一種。問起他為什麼會選擇就讀成功大學，他半開玩笑說：「聯考放榜，成績剛好落在成大機械系，就順理成章去報到了。」

不過，安介南的隨遇而安，更像是順勢而為，而非消極懈怠。

當年在成大教熱力工學的老師馬承九，對安介南影響很深。馬承九原本在中國大陸兵工廠工作，後來去德國留學，對實習格外重視。於是安介南在大學時期就去中興電工廠，戴上安全帽、拿起扳手，學做冷氣與冰箱，這些經驗讓他更加務實面對每件事。

> 各科用得上生物力學的地方太多了，不是只有骨科、牙科、復健科；無論哪一科，只要有需要，我都會去幫忙。

但是，真正讓安介南功課突飛猛進的，是他的僑生同學。

那群僑生平日忙著玩樂，臨到考試才急著抱佛腳，總是坐第一排聽課的安介南，就成為他們求助的對象。

「他們輪流來問問題，讓我不得不精通，」安介南笑著說，僑生五花八門的問題，讓他有機會從不同角度複習教科書，「當年以第一名成績從成大機械系畢業，這些僑生功不可沒。」

進入生物力學領域，找到人生志業

服完兵役，安介南進入提供他全額獎學金的美國賓州里海大學（Lehigh University）念研究所，在指導教授安排下，主修波動力學，研究海嘯等流體的撞擊力量。由於學習態度好、成績優秀，才剛完成碩士學業，就有教授主動探詢：「有沒有興趣讀博士，研究生物力學？」就這樣，他一腳踏進這個剛萌芽的新興領域。

所謂生物力學，簡單來說，就是將力學知識應用在生物體，涵蓋身體骨骼、肌肉系統、運動模式等領域。近年來風頭漸盛的生醫產業，便不乏這類的研究與應用，但在一九七〇年代卻還屬於起步階段。

「當時與教授一起去圖書館找資料，唯一一本生物力學期刊，才創刊三年，」他坦言，因為領域太新，儘管用數據模擬的方法完

活出熱情

在美國梅約醫學中心工作三十九年，期間累計發表至少八百篇論文，安介南認為梅約以臨床、研究、教學三者並重，相互支援的團隊合作風氣，讓他愈做愈甘甜。而退休後，他也獲梅約醫學中心頒發傑出校友獎。

成博士論文，他仍不確定是否會繼續走這條路。

一切都是在他進入美國梅約醫學中心後改觀。

恨不得有更多時間做研究

梅約醫學中心是全球最大的私人醫療體系，在二〇二二年《美國新聞與世界報導》（*U.S. News & World Report*）發布的全美最佳醫院排名中，名列第一。

「我在梅約做生物力學，愈做愈甘甜，」安介南說，每當做出一些成果，醫生應用在臨床治療，若能獲得正面回饋，總是格外喜悅；當接到新的題目或需求，更恨不得有更多時間去做，一點兒也不覺得累。

> 行動了，即使失敗，也會有收穫。

「進入梅約其實是機緣湊巧，」安介南回憶，畢業前一年，他參加學校同鄉會的野餐活動時，和一位土木系教授聊起自己讀的學科，對方便推薦他：「我表弟最近剛接梅約的生物力學實驗室，或許有職缺。」

梅約生物力學實驗室的成立，源於一場無疾而終的手術。

一九六〇年代末期，英國剛發展出人工關節技術。恰巧，此時有位芝加哥球隊老闆排好到梅約進行髖關節開刀，他聽說人工關節的消息，抵達梅約後當場詢問骨科主任，得到的答案卻是「現在還沒有這項技術」。結果，這位球隊老闆立刻取消當天的手術，轉去英國換關節。

受到這事件的刺激，梅約的骨科主任決定親自到英國了解置換人工關節的技術，一見之下深受震撼，立即著手安排成立生物力學實驗室。

在醫界導入數學公式，取得重大突破

對醫學沒有太多涉獵，但安介南擁有扎實的數據模擬與工程專業，正切合了梅約的需求，在加入生物力學實驗室後，專門負責上肢（手指、手肘、肩膀）的人工關節研究。

設計人工關節需要清楚知道肌肉、韌帶與骨骼之間的力量傳遞，然而這些數據在當時是一片空白，得從最基礎的測量開始做起。於是，安介南決定，向骨科醫師請益。

沒想到，第一次的經驗，讓他畢生難忘。

骨科醫生二話不說，當場把診間裡一具大體的手齊腕斬下，拿起斷手跟安介南介紹每條肌肉的名稱與作用。「我學工程的，生平頭一遭看到大體，到現在想起來還心有餘悸，」安介南有些不好意思地說。

幸好，一回生二回熟，當看到第六、七支斷手後，他不僅不再害怕，對每條肌肉的作用與力量傳導，也了然於心。之後，他藉由大量測量蒐集參數、建立公式，再應用公式做成實際的儀器，進行實體測量，最後建立了可用的模型。

這是美國醫學界第一次，有人用數學方法，推導出肌肉與關節在進行不同動作時產生多少力量。

解決五花八門的狀況，必須保持思考習慣，有時候是新題目用舊方法，有時候是舊題目用新方法。

因為這項空前的成就，安介南在一九八四年獲得美國骨科醫學會（AAOS）的「Kappa Delta獎」，這些公式則成為設計人工關節的基礎，安介南與梅約的團隊得以一步步設計出手指、手腕的人工關節，而他則一貫謙虛地說：「這些其實沒什麼深度，只是在四十年前，算比較新穎的觀念與方法。」

多元思考，團隊合作

手關節力傳導研究是安介南的第一個里程碑，之後他陸續在肩膀與肘關節韌帶功能研究，得到突破性成果，兩度獲得美國肩肘外科學會（ASES）最受推崇的「Neer」首獎，三度獲頒美國運動醫學會（ACSM）研究獎，累計發表至少八百篇論文。

為什麼有能力發表那麼多論文？安介南笑稱：「各科用得上生

物力學的地方太多了，不是只有骨科、牙科、復健科；無論哪一科，只要有需要，我都會去幫忙。」

但是，每一科的需求各不相同，一個人能夠應付五花八門的狀況嗎？這個問題的答案，與他長期保持思考習慣有關。

「有時候是新題目用舊方法，有時候是舊題目用新方法，」安介南分享，他無時無刻不在思考，如何把工程理論應用在不同醫療情境，同時也四面八方搜尋新技術（像是光學、超音波），看看能否加以應用；不僅如此，他與學生合作，不斷嘗試與調整，因此創新的醫療解決方案總能源源不絕。

除了持續吸收新知、觸類旁通，在他心裡，還有一個更重要的答案。

臨床、研究、教學相互支援，構成善的循環

「梅約之所以成為全美首屈一指的醫療院所，團隊合作的精神功不可沒，」在梅約工作三十九年，安介南深受感動，當自己有問題要請教，即使是最忙碌的外科醫生也願意花時間和他解釋，從不敷衍了事。那種無私分享的精神，冥冥之中，與當年他和僑生同學的互動模式莫名契合了。

梅約醫師的行事作風，受理念與制度影響甚深。一方面，創辦人梅約兄弟「以病人為優先」的理念，形成組織文化；再則是從創設之初，梅約便建立了系統化的制度規範。

在梅約，不論是新進人員還是資深醫師，薪資都一樣，因此不

會出現惡性競爭。當發現病患有更適合的科室，醫師都樂意幫病人轉診，不像一些醫院為了拚病人數量與績效，降低醫療品質。

> 我要做的不只是指導學生，更重要是國際串聯。

「梅約是臨床、研究、教學三者並重，彼此支援，」安介南指著自己衣服上梅約三面盾牌的識別標誌表示，臨床收入用在教學與研究，兩者帶來的醫療改善，會再回饋到病人身上。

梅約的薪資，在全美醫療院所只算是中上，但流動率相當低。「我認識的醫生，有九成都在梅約做到退休，我自己也是其中一人，」安介南笑著說，因為機構賦予的榮譽感、和睦的工作環境，以及兼顧生活的工作型態，讓大部分人都不想跳槽。此外，明尼蘇達羅徹斯特小鎮的純樸與人情味，也在無形中為梅約的工作環境加了不少分數。

痛失摯愛，禱告度過幽暗時刻

一生勤懇的安介南，事業有成，與妻子育有兩個女兒，一人當醫師、一人當教授，生活令人稱羨。不料，六十二歲那一年，他的人生卻遭遇重大打擊——摯愛的妻子王穗清被診斷出胰臟癌，九個月後告別人世。

他清楚記得，妻子的手術安排在上午，預計要開八小時。沒想到才半個小時，醫生就走出手術房，告訴他癌細胞擴散到肝臟，做手術已經沒有意義。

安介南霎時萬念俱灰，反倒是篤信基督教的太太，平靜地對他說：「生命長短都是天父決定的，如果時間到了，我隨時準備好回

樂在傳承

在國際交流不足的台灣，安介南（左三）運用自己累積多年的人脈，進行國際交流，串聯美國醫工單位、國外專家、台灣的師生，創造多贏。

歸天國。」

三十多年來，太太一直是安介南最重要的支柱，也是帶領他信仰基督教的牧者。妻子剛過世時，兩人相處的過往，一幕幕景象總像影片般在他的腦海中重複播放：以前，一回家，太太就會到車庫迎接他，桌上是剛燒好、熱騰騰的飯菜；如今，回家只有黑漆漆、靜悄悄的房子，一個人拿出冰箱的食物加熱，寂寞地吃飯。

「一開始真的很不習慣，但藉由努力查經、禱告，我明白，我並不孤單，因為神與我同在，」安介南淡淡地說。

擔任國際交流橋梁，傳承學術經驗

經過思考與沉澱，二〇一四年，安介南決定從梅約醫學中心退休，積極投入查經推廣的工作。他回憶，以前認識一位紐約大學的麻醉科名醫，為了全職傳福音毅然退休，因為「在手術台上一天只能救五、六個人，但有太多人需要被拯救，我不能再等！」

一席話，讓他深受啟發。

安介南在美國接觸到「國際社區查經班」（Community Bible Study International, CBSI）後，感覺十分受用，「這個先讀經文，再用深入淺出問題引導學員思考的方法，對我非常有幫助。」他表示，透過小組討論與分享，不僅能更了解福音，也能由學員彼此的關懷獲得支持與力量，他決定把這套教材與查經方法帶回台灣。

至今全台已經有五十多個班級利用這套方法查經，而安介南在疫情之前，每年也會特地從美國飛台灣三次，大力推廣這個方法。

儘管離開了畢生熱愛的研究工作，安介南並沒有放棄對學術的推廣。他接受成大的邀請，擔任前瞻醫療器材科技中心講座教授，並以玉山學者的身分協助成立成大「肌肉骨骼研究中心」。

「我要做的不只是指導學生，更重要是國際串聯，」安介南說，台灣缺的不是師資，而是國際交流的橋梁，自己累積了多年的人脈，正好扮演串連的角色。比方，當美國醫工單位有實習職缺，他能推薦台灣學生去爭取，當台灣想與國外單位合作或邀請國外專家來台演講，他也能協助牽線，創造雙贏。

這段過程，他彷彿又成為那個樂於與同學分享知識的少年，差別只是如今更多了歲月累積的經驗，能夠傳承更多深刻的底蘊。

有信仰做為明燈，安介南的退休生活就如《聖經》所說的：「好施捨的必得豐裕，滋潤人的必得滋潤。」

撰文／王怡棻．攝影／黃鼎翔．圖片提供／安介南

安介南：創意要經過實踐才能成為創新

我一開始不太贊成大學設「生物力學系」，因為這是個跨領域的學門，很難在四年內精通。我篤信扎扎實實學好一項專業，不論是工程或醫學，只要基礎堅固，透過本行了解其他行業的知識，就能事半功倍。

我在進入梅約前，就是機械專業，對生物與醫學了解不深，但是透過做中學，久了也能得心應手。

所以，如果年輕人在大學時讀生物力學，就必須繼續深造，像是進醫學院，或是去研究所，選擇次領域再深入。可以說，以前是拿著釘子去找要釘的地方，現在是先確定要釘的地方再找釘子。

我很幸運，踏入生物力學領域時，這個專業剛萌芽，做什麼都是新的，申請經費也簡單。現在生物力學已是百花齊放，年輕人要突破變得比較艱難，但機會還是在。重點是，不只要想，還要實際行動，畢竟創意要經過實踐才能成為創新。

我常常鼓勵學生要不斷觀察、不斷思考，之後一定要踏出第一步。行動了，即使失敗，也會有收穫。

另外，我也提醒學生，不只要努力工作，也要聰明工作。比方從國外來我們實驗室的研究員，我會要他們別每天晚上都待在實驗室，工作只是人生的一部分，應該多花時間在家人身上，並且利用機會了解不同國家的風土人情。

因此，我們實驗室的臨別演講總有兩部分，一部分是談學術成果，另一部分就是研究員分享這一年的旅遊成果。我希望他們不只學術進步，生活也能有所收穫。

打開視野很重要，這也是我在成大設立「王穗清女士紀念獎學金」的原因。我希望年輕人能有機會出國多看看，不要坐井觀天。當實際比較，看到自己的不足，就會有更強烈的學習動機。

承擔使命

孫弘 盟立自動化董事長兼總裁

引領台灣工業自動化

懷抱「工業救國」的熱情，
更立志成為「有大格局的工程師」，
孫弘用一生去實踐、去證明，
讓理想化做真實。

「工業救國」，這個早年在台灣經常被提到的觀念，是許多一九五〇、一九六〇年代出生的人的共同記憶，畢竟，那是一個剛經歷動盪的年代。在學校裡、在家庭裡，所謂的「工業救國」並不如現在認為的那樣刻板教條，反而更像是一種社群價值，影響著那一代人的選擇。

成功大學機械工程系六十級畢業的盟立自動化創辦人、董事長兼總裁孫弘說，自己從小立志學工：「小學開始就知道工業救國，所以從小就想當工程師，我父親是學教育的，他也跟我說，學理工對建設國家才有幫助。」

就像種子飛揚散落，永遠不知道會在哪裡落地、會在哪裡生根，又會在哪一方土地上經歷季節歲月，長成一片綠蔭、成就一方水土。

選擇「台灣最好的工學院」

孫弘大學聯考時，同時考上國防醫學院醫學系與成大土木系，但最後，他沒有念國防醫學院，而是選擇了父親口中「台灣最好的工學院」——成大。

從小學開始，孫弘念的都是台北市學區最好的學校，從女師附小、大安中學、師大附中，大學來到台南，孫弘不但沒有適應問題，反而是如魚得水的自在，他組合唱團、辦舞會、唱西洋歌曲，課外活動過得精采。

後來認識孫弘的人，只認識工程師身分的他，但其實，孫弘喜歡文學、喜歡繪畫、也喜歡音樂，他笑著說：「雖然喜歡畫畫，但小時候也知道，靠畫畫可能生活不易。不過，當工程師也是需要畫圖的。」

孫弘在成大土木系讀了一年之後，申請轉系到機械系，他說：「想要轉系，是因為想到蒸氣機帶動了工業革命，如果我念工程是為了救國，機械系才是我要去的地方。」

成大是台灣最早創立的工學院，從日治時代開始，一路從台南高等工業學校、台灣省立工學院，到後來改制成為國立成功大學。孫弘表示，因為這樣的背景，加上日本把台灣當成基地，那時成大有很多從日治時代留下的精密設備，成大雖然許多老師都是來自中

現場實作的精神

從小便立志當工程師的孫弘（三排左二），在成大接受扎實的實作訓練，影響他後來一輩子做技術、經營事業的態度。即使是在創業經營公司之後，他始終不忘的，仍是現場實作的精神。

國大陸，也都曾在國外深造，但很多技術人員受過日本訓練，有扎實的技術底子，這讓成大有非常獨特的工程學科資源，也讓我們的學習環境與其他學校不一樣。其中最大的不同就在於，成大的學風非常務實。

靈活應用資源

一九八九年，孫弘（前排右二）臨危受命擔任盟立自動化董事長兼總經理，開始打造台灣自動化系統設備發展的道路。儘管認為自己不懂商業管理，但是孫弘知道怎麼應用資源發揮最大效益，而盟立也在他與團隊的努力之下，成為台灣產業自動化的重要技術支柱。圖為一九九〇年盟立一廠落成，時任總統李登輝（前排右三）、總統府資政李國鼎（前排右一）與工研院院長張忠謀（後排左二）前往視察。

許多成大機械系校友都會提到該系教授馬承九說的話：「Engineer就是要near engine。」孫弘這樣解讀這句話：「當工程師就是要做工程，就是要摸到設備，進工廠流汗，要做好每一個細節，要有physical feeling，這遠比計算更重要。」

當年成大的學習訓練是扎實的，特別是實作的訓練，更是影響孫弘後來一輩子做技術、經營事業的態度。即使是在創業經營公司之後，他始終不忘的，仍是現場實作的精神。

有大格局的工程師

從小立志當工程師的孫弘，腦子裡卻不是只有工程，他經常思考更大的題目，也對於國家社會的變化有更多面向的觀察。

孫弘說：「我其實是比較老成的人，可能是小時候讀了很多不同領域的書，讓我的想法跟同齡人有點不一樣。後來有些人和我談話，會誤以為我有特殊的家庭背景，直到發現我只是一個工學生，都非常驚訝。」

大四畢業前，孫弘在學校裡看到救國團舉辦的國家建設研習營活動，其中包含建設組、經濟組等不同組別，大部分同學因為是工科出身，所以都參加建設組，只有孫弘報名經濟組。當時到國家建設研習會授課的都是部會首長，包括經濟部、經建會、工業局等，在課程中談經濟規劃、談十大建設、談當時台灣面對的國際情勢，如石油危機等問題。

為什麼做出與眾不同的選擇？

孫弘當時正準備服役，趁著空檔看了很多書，他說：「我發現經濟規劃很重要，不論做任何建設都是如此，否則投入的資源很難產生效益，資金也賺不回來。」

相較於其他同學忙著在服役前玩樂、找工作，孫弘想的卻不只是自己的生涯規劃，除了當初選擇志願懷抱滿腔報國熱情，經過四年大學教育，年輕的他，腦海中已經有了一張更大的藍圖。孫弘這樣形容自己：「我想成為一個有大格局的工程師。」

工程師的實作精神，再加上對經濟情勢、國家政策的研究熱情，讓孫弘有了與其他工學院畢業生不一樣的起點。

實作是落實技術研究的最短路徑

在孫弘大學畢業的那個年代，正是台灣啟動多項重大建設的加速時代，他的大學同學畢業後，如果不是出國留學，大多選擇進入中國造船公司（二〇〇七年改名為台灣國際造船公司）、中國鋼鐵公司工作，孫弘則是選擇了另一條路。他加入金屬工業發展研究中心，繼續做技術研究。

孫弘說，自己當初會選擇進入研究界，是因為成大機械系老師的引薦，也是因為自己的個性很直、沒有特殊的家世背景，不適合做生意，卻非常喜歡研究技術，更對在工廠生產實作有很多熱情。因此相較於進到商業組織，對他而言，進入研究體系是再自然不過的選擇，不但能夠鑽研最新的技術，更有機會將研究轉化成為落地實作的技術，幫助企業提升技術實力，進而強化台灣產業的實力。

當時才二十多歲的孫弘，或許沒有預想到未來的發展，但方向清楚的他，卻一直準確地走在他為自己規劃的工程師道路上。

進入金屬工業發展研究中心之後，孫弘曾經多次奉派出國學習最新技術，之後調任到工研院機械所，負責精密齒輪計畫，並再度

當仁不讓

孫弘帶領盟立成長，不只積累豐厚的技術實力，更將技術轉化進入民間企業，成為台灣經濟成長的動能。面對一切挑戰，孫弘的態度是：只要是對的事，絕不逃避。圖為孫弘榮獲二〇二〇安永企業家年度大獎。

被指派出國學習最新的精密齒輪技術。回國之後，孫弘不只是帶回最新技術，更彙整他在國外學習、觀察到的技術發展趨勢，寫成台灣精密齒輪發展的十年構想。

當時台灣有許多公司都非常需要精密齒輪技術，只要有人來邀請孫弘，他就會去教，而且是不藏私地傾囊相授，也因為這樣，孫弘認識了許多產業界的人，讓他更了解工廠實務上的需求。就如同孫弘說自己的人生「沒有計畫，只有方向，一切都是上帝的安排」，朝著想定的方向前進，在他前方開展出來的路，或有驚喜，但更是長期努力的結果。

> 我發現經濟規劃很重要，不論做任何建設都是如此。

一九七九年，孫弘在工研院計畫安排下，去美國威斯康辛大學攻讀碩士。當時台美剛剛斷交，台灣赴美簽證申請非常困難，好不容易拿到了簽證，孫弘卻陷入兩難，因為他們第一個孩子即將出生，要在這時拋下妻兒去美國，並不是一個容易的決定。但是，孫弘的妻子推了他一把：「既然拿到簽證了，就趕快去，不要錯過機會。」在妻子的支持下，孫弘收拾行囊遠赴美國攻讀學位。

孫弘只用十一個月就拿到學位，除了家人的支持，更是因為他在出國之前就累積了足夠的技術實力，以統計實驗計畫方法完成碩士論文。

一九八五年，孫弘再度負笈回到母校威斯康辛大學攻讀博士學位，他之前在工研院已經完成全世界第一台CNC齒輪磨床，這次便把這台機器運到威斯康辛大學的實驗室做進一步創新，以「等力磨削」的高效率加工結合時間序列的數學模型，完成「預知修正」的高精密控制模型，大幅提升齒輪精度，以此順利完成博士論文。

從研究到技術，從技術到成為可被驗證的技術理論，他只用了一年九個月。

從實驗室的理論到可以應用的科技，進而成為能夠落地實作的技術，每個階段之間都可能有相當大的落差，每一道落差的跨越，都是突破的成就，而孫弘一路走來，持續實現了技術與實作之間的跨越與突破。

對孫弘而言，只會做研究遠遠不夠，更重要的是懂得技術研究的根本，隨著不同應用的需求進行調整，還能夠以精確的數據與更多人分享，讓技術研究的成果可以被驗證、被深化、被實用。

從技術實作到經營實業

孫弘在三十八歲那一年升任工研院機械所副所長，當時台灣剛開始啟動半導體發展，由工研院電子所衍生成立的聯華電子開始嶄露頭角，所有人都看到由技術驅動帶動台灣產業發展的契機，因此，除了電子所，機械所也被期望比照聯電模式，發展衍生新創公司，當時選定的方向就是自動化。而孫弘，就是被指定參與衍生新創公司的成員之一。

當時孫弘完全沒有想到，原本只是聽從指令、跟隨長官的工作轉換，卻成為他人生中的重大轉折。說好的經營領導團隊，在最後一刻因為某些規定，使得原定的董事長人選無法接任，被指派擔任總經理的孫弘，臨危受命出任董事長。

想起當時的情景，孫弘說自己是打鴨子上架，因為他從來不曾

有方向沒計畫

從技術、研究、創業到領導台灣最大的自動化公司，孫弘說自己只選定了人生方向，但沒有既定的計畫，一切都是上帝為他做出最好的安排。

想過要創業或做生意，也沒有想過有這樣的發展。但當時擔任工研院院長的張忠謀找了孫弘，經過四十分鐘的長談，孫弘被說服了，接下了這份不在意料之中的工作。

> 技術要扎實，銷售要務實，管理要真實。

於一九八九年正式創立的盟立自動化，由孫弘擔任董事長兼總經理，他帶著一起從工研院出來的一百零八位同仁，開始了打造台灣自動化系統設備發展的道路。

善用資源，發揮最大效益

雖然孫弘一直認為自己不會做生意，也不懂商業管理，但是他知道怎麼應用資源發揮最大效益。

早在他擔任機械所副所長之前，機械所要建立精密工具機的示範工廠，必須向銀行貸款，孫弘就遵從所長徐佳銘的指示，帶著團隊開始承接民間委託計畫、進行技術移轉，而且只用了兩年時間就還清貸款。

事實上，不論是接受民間委託進行技術研發，或是移轉技術給民間企業，都是工研院創立之初的目的，就是要將工研院的技術研究能量，轉化進入民間產業，成為台灣經濟發展的動能。但在以往，幾乎沒有工研院的團隊做過類似的事。

大學剛畢業時，孫弘期許自己要當一個「有大格局的工程師」，經過這麼多年，在他身上展現的格局，沒有刻意為之的斧鑿痕跡，卻是發之於內地影響他的路徑選擇，工作來了，就做好，責任來了，就承擔。多年後，談起當年為何會選擇承擔與一百多人共同創業的責任，孫弘說自己對責任的定義是：當仁不讓。

現在說來輕鬆的幾句話，不足以描寫孫弘在盟立剛成立頭幾年承受的壓力。

> 從「當仁不讓」的角度來定義責任，成就的是「大我」，就會是完全不同的格局。

剛開始拓展業務時處處碰壁，連產品規格都不知道該怎麼開，大部分同仁還是用過去做研究的方法，以為只要有技術、能做出產品，拿到客人面前，客人就會買單，但現實並非如此。盟立成立前三年就虧掉快一半資本額，累積虧損金額達到一億九千萬元。

孫弘說自己在那段最辛苦的時期，曾經做過兩個夢。

在一個夢裡，他開了一輛性能優越的跑車，但後面拖了一匹馬和掉落在地上的沉重包袱，對策就是將跑車換成貨車，再將馬和包袱放在貨車上，就可以順利開車前進了；還有一個夢是他在表演轉盤子的特技，手上同時轉著四個盤子，他只能輪流轉動盤子維持平衡，才能不掉下任何一個。

也許是日有所思、夜有所夢，這兩個夢，都是孫弘當時在事業經營上必須面對並努力解決的問題，「我們以為自己是名門正派，但進到產業之後，到了客戶面前，客戶問你有沒有實績，卻回答不出來。」

但孫弘和團隊沒有被初期的挫敗給嚇退，從代理產品開始，一步步發展出自己的產品線。

走過前三年草創時期，盟立在創立第三十六個月起開始獲利，在公司成立十年後先上櫃，兩年後再上市，更從工業三．〇進展到工業四．〇，在台灣製造業三十多年來的發展歷程中，盟立始終扮演台灣產業自動化的重要技術支柱。

一個「工業救國」的想法，影響了孫弘一生的方向。五十年來，從技術、研究、創業到領導台灣最大的自動化系統公司，後來成為基督徒的孫弘說：「我一生都是有方向，但沒有既定的計畫，回頭看過去這一路走來，其實都是上帝的安排。」

孫弘為自己的人生選定了方向，上帝為他做出最好的安排。做了五十年工程師的孫弘，現在談起技術、談起工程，眼睛仍然發亮；談起產業，從歷史背景到國際情勢變化，他不只是評論，而是用事件與數據，演繹情勢發展的轉折；談起公司管理，他為團隊設立的目標，不是僵固的口號，而是與時俱進賦予新意義。

撰文／倪可誠．攝影／林衍億．圖片提供／孫弘

孫弘：享受權利的同時，也要勇於承擔責任

在盟立，有三句話是我們講了很多年的：「技術要扎實，銷售要務實，管理要真實。」但同樣的三句話，每一年都有新的意義。因為，這三句話不是我們的口號，而是我們的目標。

每一年，我都會跟團隊討論，要達到這三個目標，在不同的情況下，策略要如何調整？資源要如何配置？在哪些地方必須做出創新？在哪些地方必須設定更高標準？

要談技術，就是要做到扎實。

我常與許多年輕同仁分享，「扎實」是一個形容詞，但可以用實際的指標數值呈現，以台積電為例，他們的不良率可以控制到百萬分之幾，這背後隱藏的，就是非常扎實的技術。

談銷售，我對團隊的要求是要務實。

這是我們創業之初，繳了很多學費得到的經驗。我和同事談賈伯斯第一份智慧型手機的專利計畫，他不是去做市場調查、不是去看同業怎麼做，而是重新定義智慧型手機產品，也重新定義了智慧型手機的市場樣貌。

不是用最強、最新的技術，就會贏下市場，而是要務實地從實際使用者角度去思考定義產品策略。

對於管理，我對團隊的要求是「真實」。

所謂的真實，有幾個重要的元素：數據、分析、決定、行動。我也常用台積電當例子，與同仁討論如何讓管理更真實。譬如，台積電可以做到生產資料在當天分析完畢，立刻評估決定第二天如何調整改變，讓客戶可以即時掌握生產狀況。

管理要真實的好處，就在於可以即時決定調整，這不只是營運效率的問題，更可以改變整體流程、人員心態，因為，當管理要做到真實、做到即時決策，使用的數據就必須是即時的數據。

除了技術、銷售、管理以外，我也會跟年輕的團隊談責任。相較於我們那個年代，談的是犧牲享受、享受犧牲；與現在的年輕一代，我們談的是權利與義務，享受權利就有義務，如果享受權利卻沒有付出，權利也可能會失去。

我們可以從「小我」的角度出發去思考，但我也鼓勵年輕一代的同仁，從「當仁不讓」的角度來定義責任，成就的是「大我」，就會是完全不同的格局。

點火的人

龍應台 作家

一生捍衛文明的價值

從南部鄉下出發，
知識與機遇帶著她走向世界、走回台灣，
龍應台燃起的文明之火，
已然成為這個時代的重要印記。

一九八四年的台灣，是什麼樣子？

「郊區，聞到刺鼻的化學品燃燒的味道。海灘，工廠廢料，大股大股流進海裡⋯⋯」

「攤販占據你家的騎樓，在那兒燒火洗鍋，使走廊垢上厚厚油汙⋯⋯你說報警察也沒用，因為警察跟攤販相熟⋯⋯」

「計程車停在右轉線上，卻沒有右轉的意思⋯⋯你坐在方向盤前嘆口氣，覺得無奈⋯⋯」

一位剛從美國返台不久的年輕學者，寫下〈中國人你為什麼不生氣〉，投書報社。她直指周遭的不公不義，更質問：「你怎麼還有良心躲在角落做沉默的大多數？你今天不生氣，不站出來說話，明天你——還有我，你我的下一代，就要成為沉默的犧牲者、受害人！」

一字一句，淺白卻鏗鏘，重重敲進台灣人心裡，之後的系列文章更如野火燎原，燒遍華人世界，喚醒許多原本漠然無所謂的心。

這位作家，當時三十二歲，她叫龍應台。

在農漁村長大的南部小孩

一個在南台灣貧瘠的農漁村成長、被鄉土滋養的年輕人，在此後三十八年，用一枝不輟的筆及知識份子的使命感，寫文化、寫政論、寫親子、寫鄉土，成為華人世界的一頁傳奇。

「我在一個環境封閉、缺乏外來文化刺激，對未來不知如何想像的環境中踏入大學，」回想開始探索新世界的初始，龍應台臉上

為自己開窗

在相對閉塞的環境長大，進了大學的龍應台，努力為人生開窗，她堅持念外語、她參加登山社，在無形與有形之間，探索不同世界。

閃過一抹少年的純真。

龍應台出生於一九五二年，那時的台灣在日本統治剛結束不久，接著湧入一、兩百萬中國大陸撤軍與難民，帶來巨大震盪。

對閉塞自覺

五〇年代的台灣，也是「蔣總統」的時代，政治結構與社會籠罩在冷戰、反共的氛圍裡。

尤其一九五〇年韓戰爆發，報紙頭版都是韓戰新聞，台灣得到美國的支持，加入反共的冷戰集團，內部整肅開始，「後來回頭讀我小時候的報紙，」她說，「時不時有郵票大小的版面寫著，某月某日在某地，槍斃了幾名『匪諜』。」

而在文化上，國民政府遷台後帶來傳統儒家思想，她和台灣孩子從小讀孔孟、背論語；另一方面，當時台灣經濟落後，龍應台的父母來自大陸，龍應台出生在高雄大寮，少年時期在海邊漁村茄萣長大。父親當警察的薪水微薄，母親織漁網、養豬，勉強撐起四個孩子的學業與生計。

在政治、經濟、文化幾股背景交織下，十八歲的龍應台，對南台灣以外的世界了解非常少。

「所謂『南』，代表著比北部閉塞、保守，」龍應台回憶，高三面對大學聯考選填志願時，她堅持念外文系，「因為我要為自己開窗。」

那是一種對閉塞的自覺，堅信要學不同的語言，才能拿到鑰匙，前進世界。

勤學英語向世界開窗

當時，成功大學是一所以工學院為主的大學，文理學院的教學資源並不充裕，外文系只有少數幾位母語為英文的外籍老師，且大多是傳教士。龍應台特別鎖定英美籍老師的課，為了學到正統的英語，她總是全神貫注在老師的嘴唇，聆聽發音；至於講課的內容，則完全忽略。

說著一口漂亮國語的龍應台，還被學長拉去參加辯論社團——滔滔社。她其實不喜歡辯論，但還算認真地在滔滔社裡組了英語會話小組，每週和社友找外籍傳教士練英文會話，不斷創造學習的機會，「只好自己努力找窗，看向外面，」她說。

> 學不同語言，才能拿到鑰匙，前進世界。

登山社是龍應台大學生活的另一個重點。大學四年，她已登過台灣五岳，這份對大自然的熱愛也跟著她一輩子。龍應台笑說，自己是「被公職和文學耽誤的探險家」，南部孩子的基因讓她一生鍾情山水，如今她若不在書桌前，就是在露營、溯溪、浮潛、玩立槳、駕帆船。

純粹的熱情

看見思想的箝制，龍應台化心中火焰為筆尖文字，撰寫〈中國人你為什麼不生氣〉系列文章，持續揭露當時台灣社會的千瘡百孔，即使屢屢被政府單位約談，也不停輟。

大學生活也讓龍應台看見南北的巨大差距。她說，上了成大，從來自北部的同學口中，才知道明星咖啡館、騎樓下的詩人周夢蝶、書攤下藏著被禁的書刊……，那是她從沒想過的世界。

南部孩子對未來的想像更是謹小慎微。當北部大學生忙著考托福時，龍應台沒有想過出國念書。她難忘曾有教授問班上同學對畢業後的想法，結果全班有四分之三的人要當老師，其他人則要去貿易公司當英文祕書。

畢業後的龍應台，走向台北，成為交通大學工學院院長盛慶徠的英文祕書。一位在交大講學的美國教授，看見這個年輕女孩的獨特，交給她一份赴美留學的申請書，更為她申請全額獎學金。

如今回想，龍應台神情柔和、陷入深思：「當年我沒有問過他為什麼，但是，因為他，我奔向了更廣闊的世界。」

初抵美國，巨大的文化衝擊猛然襲來。

在綠草如茵的校園，看著美國學生走路的姿態有著台灣人沒有的輕鬆，裸露臂膀是為了晒太陽，跳舞扭動是因為音樂，擁抱則是為表達善意。

她更發現，身為儒家文化滋養下的台灣人，想的是國家的命運、社會的責任，從不曾有過那樣的步履輕盈。「西方人面對個人和群體是怎樣的關係？為何他對國家沒有我們那樣的責任感？我和他之間的差別在哪裡？」

走過陽光與草地，龍應台反覆自問，在思索中，她看見了中國知識份子文以載道的擔子，「士不可不弘毅，家國天下都是我的事。」那些激越與沉重，都指向同一個來處，她不迴避。

野火的火種，就此悄悄成形。

燜燒的社會，終有一天爆開

九年後，龍應台帶著博士學位返台。她在大學教書，平日觀察台灣社會，對環境、文化和思想箝制的台灣日益不安。

有一天，看著電視播放著食安新聞，立法委員公開說「要照顧生意人」，引爆她的怒火，立刻寫下短文〈中國人你為什麼不生氣〉，投書《中國時報》，大聲質問人們對不公不義、沒有尊嚴的環境怎能繼續忍受。

不可不弘毅

龍應台將文章集結成《野火集》，出版超過十個文字版本，穿越政治藩籬，在台灣、香港、中國大陸及星馬的華人世界，喚醒知識份子對公平正義的熱情與責任。圖為二〇一七年龍應台在香港中文大學演講盛況。

沒想到，短短一篇文章、一個默默無聞的作者，引來瘋狂的回應，大把書信到她眼前，從市場到軍隊，從校園到廟堂，各式各樣的筆跡說著激動、憤懣、悲傷，如野火燎原，燒遍這三萬六千平方公里的島。

「一開始的文章完全是一場意外，但看到這麼巨大的迴響和鼓勵，我才發現原來這個社會已經燜燒了很久，」每一封信都讓她難過和感動，強烈感到自己對社會有責任。

我用自己的尺度，鼓勵自己往前走。

她心中的火炬愈來愈熾熱，接續用鋒利的文字與氣勢，揭開台灣社會的千瘡百孔，更痛批執政者的威權箝制。

很快地，各種壓力來了。許多攻擊謾罵的信出現在龍應台案頭，最惡毒的字眼是「國際娼妓」，她的父親更擔心女兒「半夜會被麻袋蒙住，丟到海裡」。

教育部部長、政戰部主任、國民黨文工會主任、知青黨部主任，輪流約談龍應台。「但我完全沒有害怕，很天真地去見他們了，」多年後她回想起來，忍不住大笑自嘲：「那時候我完全不知道寫《野火集》可能會被關！」她更相信，那是南部生長烙印在她身上的單純。

更關鍵的力量，是龍應台骨子裡有著知識份子的純粹，以及對理想主義的熱情、對腳下土地的心疼，更伴隨著身後龐大讀者群的期待與應援。

華人世界的共同符號

一九八五年，龍應台的文章集結成書《野火集》出版，幾個月內創下五十刷、十萬本的銷售成績，她被譽為最具影響力的作家。

已逝詩人余光中就曾公開稱《野火集》：「火勢之大，不僅燒熱文化界，也燻出廣大市井小民，掌聲壓倒噓聲。」

隔年，《野火集》在香港出版；一年多後，簡體的盜版在中國大陸流行。那是大陸六四民運前一年，龍應台的文字同樣在對岸燃起啟蒙的火炬，喚醒知識份子對公平正義的覺醒與熱情。

> 不管什麼火頭丟到身上，只要放在兩千年歷史裡，就會覺得一切都微不足道。

大陸作家余秋雨便認為，「這把野火驀然照出了社會人心的諸多弊病，即便人們躲開它的光亮，也會在黑暗中留下記憶。」

此後三十餘年，在中、港、台、星馬的華人世界，《野火集》創下超過十個版本的出版紀錄，成為一個時代的共同符號。

一九八六年龍應台移居歐洲，她的筆依然遒勁，甚至打破台灣長期被美國觀點壟斷的既有思維。

龍應台說，她也曾把西方當成相同概念，而且美國就代表西方，帶著簡化甚至幼稚的觀點去看歐洲；移居不久後，驚覺原來歐陸和美國有巨大差異，她想探索這些差異的本質，也要帶讀者看見不一樣的世界。

更可貴的是，龍應台同時向西方主流世界發聲，定期在德國重量級媒體《法蘭克福匯報》撰文。她認為，長久以來，歐洲看不到台灣觀點，西方世界只對中國大陸有印象，但她身為華文世界的知識份子，必須讓西方了解台灣人在想什麼。

拉大生命尺度

寫作大半生，龍應台遭遇許多攻擊，台灣本土派說她是「中共同路人」、中國大陸則禁她的書，但她以寬廣的時間、空間為座標，用更大的縱深看待不同的聲音，鼓勵自己往前走。

她對西方發言的影響力持續至今。二〇二二年八月，美國眾議院議長裴洛西訪台，大陸發動軍演引發台海危機後，《法蘭克福匯報》特別向龍應台邀稿，以四分之三的大幅版面刊登了她的文章。

此外，龍應台的筆鋒也凝視對岸，陸續在中國青年報的《冰點》周刊、《南方周末》撰文，談國際、談文學、談自由、談民主，為充滿理想的中國大陸傳媒送暖。

關懷對岸，幽暗中爭取光亮

龍應台記得，二〇〇五年她一開始曾拒絕《冰點》邀稿，因她認為在中國大陸的政治環境裡，「我想寫的你們不敢用，你們可以用的不是我想寫的。」沒想到，《冰點》的編輯有著無比勇氣，給她一封萬言信，信中強調任何一點點的光，都是爭取來的，更盼望她能一起爭取，一起推動歷史的進步。

這封信深深撼動了龍應台，她加入文字起義的陣營，陸續在《冰點》發表文章。二〇〇五年，當連戰與宋楚瑜踏上大陸之際，她更寫下〈你不能不知道的台灣〉，傾力解說台灣的民主價值，引發大陸的激烈迴響與辯論，三天之內的網路評論、報導和轉載，超過一百四十一萬則。

不久，中國大陸「中央宣傳部」發出警告：「如此宣揚台灣民主自由的文章不宜刊登。」之後《冰點》遭勒令停刊。龍應台非常沉痛，寫下〈請用文明來說服我——致胡錦濤的公開信〉，直接批判中共對言論與思想自由的扼殺。她毫無退縮，更絕不噤聲。

二〇一九年，為了聲援香港的民主運動，她又寫下〈花園的地上有一顆雞蛋〉，文中輕訴「香港街頭的年輕人知道自己面對的是一堵銅牆鐵壁，而自己是一枚多麼細小的雞蛋」、「我們是怎麼對待一顆雞蛋的呢？我們彎下腰，輕輕拾起，捧在手心，萬萬不能摔破的……」不久後，她的作品在大陸被下架，連大陸的中小學也嚴禁學生看她的書。

> 我要對話的，始終是在台灣基層日日為生活搏鬥的庶民。

面對這一切橫逆，龍應台的眼神依然灼熱，在臉書上寫下〈被你禁，是我的光榮〉。

用自己的尺度往前走

寫作大半生，有過太多攻擊襲來，年輕時被執政者「滅火」，中年之後台灣本土派批她是統派、中共同路人，中國大陸禁她的書甚至罵她台獨，但龍應台始終淡然。她說，因為心中非常清楚堅定：「我不需要跟你證明我是對的、你是錯的，讓時間去處理。」

她以寬廣的時間、空間為座標，用更大的縱深去看待不同的聲音：「不管什麼火頭丟到身上，你只要放在兩千年歷史裡，就會覺得一切都變小了，微不足道。」

龍應台堅信歷史的長河會證明一切，她的心裡有一把尺，叫做時間，那是她最大的力量，也讓她對自己的定位有自信，這來自一種時間感（sense of time）的強烈思維，因此不容易自大，也不會放大災難和打擊。

「我用自己的尺度，鼓勵自己往前走，」淺淺一句，無比從容。

情深似海寫人生

龍應台還有另一種溫柔的身影，她同時寫親情、寫生活、寫土地，筆下情深似海。很多人不知道，一九八五年《野火集》出版時，她在醫院生產哺乳，當新書創下瘋狂的再版紀錄，同時國民黨發動圍剿之際，她正寫下最纏綿的母親手記《孩子你慢慢來》。

之後大半生，歐洲、香港、台北、屏東，不論講學或從政，龍應台都未曾放下對人世間的情意繾綣。她寫下《親愛的安德烈》、《目送》、《天長地久》，道盡為人母、為人子的悲欣交集。

二〇〇九年出版的《大江大海一九四九》，更耗時多年，記錄因國共內戰而遷徙流離的庶民人生，展現她最敬仰的國學大師錢穆所言——對歷史的溫情與敬意。

二〇一四年年底，龍應台辭去公職，重回文人安靜的書桌，並為了陪伴母親移居屏東潮州鎮。在鄉間，她又寫下小說《大武山下》，魔幻如詩的故事裡勾勒鄉間溫潤素樸的小人物，並以近乎博物學家的考據方式，娓娓描繪了大武山的一百五十六種植物、一百零八種動物。

情深似海

龍應台還有一種溫柔的身影，她同時寫親情、寫生活、寫土地，勾勒鄉間樸素的小人物、描述一草一物帶來的驚喜，陪伴讀者走過生命起伏。

以人為本

來自庶民的生命養分，使得龍應台的寫作，無論是批判文明的熾熱野火或是珍愛世界的溫柔江河，關懷的，始終是人。

這一系列的作品，從親子到家國，從生離到死別，寫作時間橫跨三十多年，書裡的愛、怨、念、捨，伴隨無數讀者走過生命的起伏跌宕。

而對龍應台來說，她的文字，不論是熾熱野火或溫柔江河，其實都來自相同的初心——人。

龍應台說，出身貧困農漁村、在南部長大求學的經歷，讓她離泥土非常接近，這也是她重要的養分，讓她堅持自己的語言必須是庶民的：「我要對話的，始終是在台灣基層日日為生活搏鬥的庶民；我的文章，希望讓賣菜的看懂，與引車賣漿之流溝通，這群人才是我關懷的核心。」

也因此，她即使對社會和政治的批判犀利辛辣，但文字並不訴諸意識型態與政治謀略，而是緊扣平凡人的生活，以及對人心公理正義的呼喚。

思想啟蒙，捍衛民主自由

除了來自庶民的養分，成大歲月也曾經帶給龍應台非常重要的啟蒙。

她大三那一年，一個騎著單車上學的早晨，一進校園就聽到同學耳語：「班上某某某的男朋友被抓了！」那是五十年前的白色恐怖事件 —— 成大共產黨案，十九位青年在成大校園被捕，其中七位是成大學生。隔年又發生「成大大陸社事件」，畢業典禮當天有三個學生在校園遭情治人員帶走。

龍應台回想起剛入學時，曾被學長帶去參加一場聚會，會中除了成大人，還有軍校生，他們眼中閃著熱切的光，談著國民黨、共產黨、社會主義，以及思想的苦悶與壓迫。

年輕的龍應台完全聽不懂，那是南部孩子沒有概念、不曾經歷的東西，她隱隱感覺這些人有大志向，要有所行動。學長熱切邀她加入，但她心中很茫然，不能為自己不懂的東西承諾，更因為她始終有一種觀察者的疏離心情，行動者的角色違背她的性格。

但那個冬日清晨的耳語、那場懵懂的思想聚會，仍在龍應台心中埋下種子，後來茁壯成理想主義的堅決身影，以千言萬語捍衛自由、民主、正義與一切文明應有的價值。

這份對信念的堅持，更讓龍應台多年後與成大有了一場別具意義的重逢。

對自己負責的堅持

一九八九年她獲選為成大傑出校友，但憶起當年那些被判刑的學生，她認為那是不正義的往事，如果有任何一個學生還在牢中，她就不會回校接受這份榮耀。她強調：「我並非期待成大做什麼，而是堅持對自己負責。」

後來確認這些同學都已於多年前獲釋，讓她如釋重負。二〇一一年成大八十週年校慶時，正式在校史中記錄這段白色恐怖時期的成大共產黨案，當天龍應台以傑出校友身分回到母校，也在演講中特別提起台灣如今的民主自由，格外值得珍惜。

從南部鄉下出發的少女，走向世界、走回台灣，龍應台掀起的思想浪潮與人文情懷，已成為華人世界跨世紀且跨世代的印記。

她說，走過一個時代，欣然看見台灣的改變，國民素質大幅提升，公平正義獲得彰顯，對多元思想有更大的寬容。相較之下，政治素質的進步趨緩，甚至退步，讓人憂心。

午後的陽光照進書房，龍應台溫暖堅定的眼神裡，寫滿對家國社會的關心與期許，她身後的牆上，高掛著當年書法名家董陽孜寫下的「野火」二字，更始終閃閃發亮，永遠熾熱。

撰文／邵冰如．攝影／黃鼎翔．圖片提供／龍應台、薛喬仁

龍應台：每一代人都要建立新的處事能力

每個時代都將有著各種巨大的考驗，這些命題也許都不是新的，例如：戰爭，但關鍵是，每一代人都要建立新的處理能力，也就是「知識」，這是年輕人必須要有的核心。既然如此，年輕人就認真學習，累積知識吧。

而大學教育的核心意義，正是要能點燃學生對知識的熱情。

大學身為高等教育的提供者，最終目的並不在於提供知識本身，而是要點燃知識的熱情，培養學生追求知識的方法。

期許所有的大學經營者能成為點火的人，大學更應是一個點火的地方，為年輕人燃起激情，讓這群十八歲的人奔向未來的一輩子，去追尋心中的方向，不論是科學、文學或財經、法學，都能讓年輕人帶著熱情前進。

成大人無不時時檢視自己，傾全力連結世界，
進而為自己的人生、事業甚至專業領域，寫下新的一頁。

蘇慧貞．成功大學校長

國家圖書館出版品預行編目(CIP)資料

成為引領前進的力量/王怡棻, 王維玲, 沈勤譽, 林芝安, 邵冰如, 倪可誠, 陳芛薇, 錢麗安著. -- 第一版. -- 臺北市 : 遠見天下文化出版股份有限公司, 2022.11
248面 ; 17×23公分. -- (社會人文 ; BGB546)

ISBN 978-986-525-996-9(精裝)

1.CST: 臺灣傳記

783.318 111018864

社會人文 BGB546

成為引領前進的力量

作者 ── 王怡棻、王維玲、沈勤譽、林芝安、邵冰如、倪可誠、陳芛薇、錢麗安

客座總編輯 ── 蘇慧貞
專案總策劃 ── 吳秉聲
專案執行策劃 ── 陳昱廷

企劃出版部總編輯 ── 李桂芬
主編 ── 羅玳珊
責任編輯 ── 羅玳珊、馬純子（特約）
美術設計 ── 陳亭羽
美術顧問 ── 洪雪娥
特約攝影 ── 林衍億、焦志良、黃鼎翔、賴永祥
圖片提供 ── 成功大學（P. 8-9、10、14、16-17、53、143）、勝利體育（P. 18-19、21、22、27、28、31）、Badmintonphoto（P. 31）、張良澤（P.37、43）、朱經武（P. 50、56、58）、王康隆（P.72、75）、李文造（P. 87、90）、潘冀聯合建築師事務所（P.104、107、108、110、113）、永豐餘集團（P.123、124、127、129、130、133、136、139）、傅模英（P. 145、151）、盧克修（P.163、166）、蘇玉本（P.179、183、184）、安介南（P.195、198）、孫弘（P.211、212、215）、龍應台（P.227、230、232、239）、薛喬仁（P.240）

出版者 ── 遠見天下文化出版股份有限公司
創辦人 ── 高希均、王力行
遠見・天下文化 事業群董事長 ── 高希均
事業群發行人／CEO ── 王力行
天下文化社長 ── 林天來
天下文化總經理 ── 林芳燕
國際事務開發部兼版權中心總監 ── 潘欣
法律顧問 ── 理律法律事務所陳長文律師
著作權顧問 ── 魏啟翔律師
地址 ── 台北市 104 松江路 93 巷 1 號
讀者服務專線 ──（02）2662-0012 ｜傳真 ──（02）2662-0007；2662-0009
電子郵件信箱 ── cwpc@cwgv.com.tw
郵政劃撥 ── 1326703-6 號　遠見天下文化出版股份有限公司

電腦排版 ── 立全電腦印前排版有限公司
製版廠 ── 東豪印刷事業有限公司
印刷廠 ── 立龍藝術印刷股份有限公司
裝訂廠 ── 聿成裝訂股份有限公司
出版登記 ── 局版台業字第 2517 號
總經銷 ── 大和書報圖書股份有限公司 電話／(02)8990-2588
出版日期 ── 2022 年 12 月 15 日第一版第 1 次印行

定價 ── NT500 元
ISBN ── 978-986-525-996-9
EISBN ── 9789865259983（EPUB）；9789865259990（PDF）
書號 ── BGB546
天下文化官網 ── bookzone.cwgv.com.tw

天下文化
BELIEVE IN READING